(CD付)
中国語 日常・旅行会話
STEP 30

陳　　浩
梁　月　軍　著
張　継　濱

駿河台出版社

万里の長城

王府井大街

まえがき

　これから中国に旅行する予定がある人は、中国を旅行する時、中国人と少しでもいいから、中国語で話が出来たらいいなと思うでしょう。

　本書は、まず発音を学びますが、会話篇に入ると、ホテルのチェックイン時の会話や買い物する時の表現、道の尋ね方やタクシーでの行き先の告げ方などが出てきて、これらの基本会話を学習すれば、学習者は旅行で中国に行っても、かなりの用が足りるようにしてあります。

　中国語を学習し始める人たちから「中国語の文章は読めばなんとなく理解することができますが、中国語をききとったり、中国語で表現することは難しい」といった言葉をよく聞きます。中国語をマスターするヒントは言うまでもなくたくさん聞くことと話すことです。テキストに付けたCDをできるだけ利用するようにお勧めします。基本表現を理解した上で、声を出して言ってみることは、言葉を学習する一番の方法です。また、文法事項を確認しながら、練習問題もしっかりやってください。

　本書は日常会話篇と旅行会話篇との二部で構成され、中国に関するコラムを付け、実用性を重視する会話用教科書になっているほかに、本格的に中国語をマスターしようと志す人たちには参考書として基礎的な語学力の養成にも役立ちます。これ一冊で、中国人と話し、さらに一層旅行を楽しんでください。

2001年　冬

　　　　　　　　　　　　　　　　　　　　　　　　　　　　　著者

中国語とは

　中国語の講師をする際によく学生、社会人の学習者に聞いてみます、"なぜ中国語を勉強するのですか、"と。すると、"中国へ旅行に行きたいから""仕事に使うから"、"簡単そうだから"などの様々な答えが返ってきます。

　ここには、他の言語を学習する理由になりそうなものも勿論ありますが、その中の"簡単そうだから"と言う理由は日本人が漢字を使っていることと関連しているのではないでしょうか。"中国語"と書けば、誰でもこれは中国のことばのことだと分かるでしょう。ただ、日本と中国の漢字が全部同じ字形ならば日本人にとっても中国人にとっても便利で気楽ですが、残念ながらお互いに全く見当がつかない字形の漢字もかなりあるのです。たとえば、"個、円"など日本人が常用する日本式漢字は、中国人が見てもなんと言う字やら全く分かりません。逆に"个、圆"など中国式の漢字を見ても、日本人は不思議な顔をするだけでしょう。これは日本と中国がそれぞれ別々の規則で漢字を簡略化したのが原因であります。実は、個＝个、円＝圆なのです。

　広い中国には大きく分けて、北方方言、呉方言、湘方言、贛方言、客家方言、閩方言、粤方言という七つの方言があります。しかし、ここで挙げている中国語は「普通話」というものです。「普通話」は北京語の発音をもとにしてつくられたもので、中国人は日常生活では方言を、公共の場では「普通話」（台湾、香港では「国語」といいます）を使います。我々が学ぶ中国語はこの「普通話」です。

中国語はご存知のように漢字で表記されます。しかし漢字は表音文字ではありません。その一つ一つの漢字の音声はローマ字による表記法(ピンイン)により表記されます。中国語は単音節言語と言われますが、音節の種類はおのずからその数に限りがありますので、一つの音節がいくつもの意味を持つことになります。例えば、[yi]という音は、同時に"衣""移""椅""易"などの文字が表すいくつかの意味をもっています。そこでさらに、同じ音で違う意味をもつ漢字を区別するために"四声"(四種類の声調)を用いるのです。四声は中国語を速く、正確に、うまくしゃべるためには無視することができないものです。
　中国語は、英語のように語形の変化がなく、また語の文中での役割を示す日本語の格助詞のようなものもほとんどありません。語の意味は、文中での位置つまり語順や、動詞など述語となる語のはたらきによって決まります。その点では面倒な語形変化などを覚える必要もなく、少し楽な感じがするかもしれません。中国語では、まず発音をしっかり覚え、あとはひとつひとつのセンテンスを暗記しながら、語のはたらきや語順を学習しましょう。

目　　次

まえがき
中国語とは

発音編　　1．声調 …………………………………………… 8
　　　　　2．単母音と複母音 ………………………………11
　　　　　3．子音 ……………………………………………14
　　　　　4．アル化音 ………………………………………15
　　　　　ピンイン表 …………………………………………16
　　　　　発音総合練習 ………………………………………18

第1章　日常会話

日常会話

STEP 1	你好	こんにちは ……………22
STEP 2	再见	さようなら ……………26
STEP 3	对不起	ごめんなさい …………30
STEP 4	今天天气真好	今日の天気は本当に良いですね ……………34
STEP 5	你多大了？	あなたは何歳ですか？…38
STEP 6	今天星期几？	今日は何曜日ですか？…42

STEP 7	现在几点了？	今何時ですか？ ………46
STEP 8	你家有几口人？	あなたの家は何人家族ですか？ ……50
STEP 9	你工作忙吗？	お仕事は忙しいですか？ ………54
STEP 10	请帮帮忙	手伝ってください ……58

第2章　旅行会话　旅行会話

STEP 11	机场	空港……………………64
STEP 12	饭店（1）	ホテル（1）…………68
STEP 13	饭店（2）	ホテル（2）…………72
STEP 14	换钱	両替…………………76
STEP 15	早餐	朝食…………………80
STEP 16	问路	道を尋ねる……………84
STEP 17	乘车	乗車…………………88
STEP 18	乘出租汽车	タクシーに乗る ………92
STEP 19	买票	切符を買う……………96

STEP 20	买东西	買い物 …………100
STEP 21	讲价	値段の交渉 ………104
STEP 22	在饭馆	レストランで ……108
STEP 23	干杯	乾杯 ……………112
STEP 24	快餐	ファーストフード……116
STEP 25	打电话	電話をかける………120
STEP 26	在邮局	郵便局で …………124
STEP 27	生病	病気 ……………128
STEP 28	看京剧	京劇を観る ………132
STEP 29	作客	訪問 ……………136
STEP 30	告别	別れ ……………140

コラム

- 你好！……………25
- 中国 ……………29
- 少数民族 …………33
- 数字 ……………37
- 十二支 …………41
- 正月 ……………45
- 外语热 …………49
- 一人っ子政策 ……53
- 人情 ……………57
- 方言 ……………61
- 北京（一）历史 …67
- 北京（二）旅行 …71
- 北京（三）名菜 …75
- 上海（一）历史 …79
- 上海（二）旅行 …83
- 苏州と杭州 ………87
- 西安 ……………91
- 春城—昆明 ………95
- 冰城 ……………99
- 中国茶 …………103
- 胡同と四合院……107
- 云南名物—过桥米线…111
- 中国酒 …………115
- 高行健 …………119
- テレビ …………123
- 中国のＷＴＯ加盟…127
- 下岗 ……………131
- 演劇 ……………135
- 貧富の差…………139
- 非言語行動………143

発音編

1、声調

【四　声】

　中国語は単音節言語であります。その音の単位となる一つ一つの音節には、必ず音の上げ下げによる調子がついており、これを「声調」といいます。普通話の声調の基本形は第1声から第4声まで4種類ありますので、「四声」ともいいます。基本的にはすべての漢字は四声のうちのある特定の調子に固定されており、ことばはその定められている音調で発音しなければならないのです。

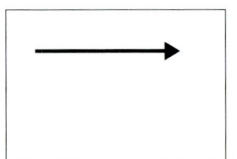

第1声　高く平らな音調。高さを維持し、声を上げ下げしません。
mā　［妈］
マ

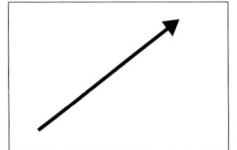

第2声　急激に上昇する音調。低いところから一気に上昇させます。
má　［麻］
マ

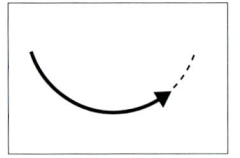

第3声　低く抑える音調。低音に抑え込んでのばす。点線の上昇部分は、ことばの区切部分に時々現れます。
mǎ　［马］
マ

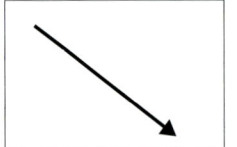

第4声　急激に下降する音調。高いところから一気に下降させる。
mà　［骂］
マ

ローマ字の上についている符号を「声調符号」といい、［ー］第1声、［ˊ］第2声、［ˇ］第3声、［ˋ］第4声を示します。
　自分がふだん日本語を話す時の声の高さを図に表示した中間部分と考えて、声調の上げ下げをイメージしながら、CDをよく聞いてください。ほかの音を気にせず、声調のみに集中して練習してください。

【軽　声】

　そのほかに、基本声調が消えて、軽く短く発音される「軽声」と呼ばれる付属的な声調があります。軽声には声調符号がありません。

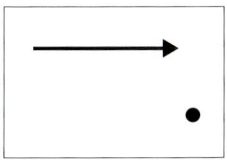

［(第1声) ＋軽声］低めに短く軽く。
māma　［妈妈］
マァマ

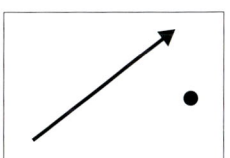

［(第2声) ＋軽声］中間くらいの高さで短く軽く。
yéye　［爷爷］
イエイエ

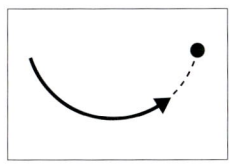

［(第3声) ＋軽声］高めに短く軽く。
　jiějie　［姐姐］
ジィエジィエ

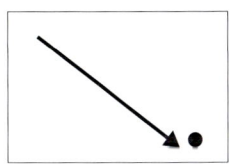

［(第4声) ＋軽声］低めに短く軽く。
bàba　［爸爸］
パァパ

【変　調】第3声の連続

mǎ＋mǎ のように第3声が停頓なく二つ連続した時に、発音しやすくするために má＋mǎ とはじめの第3声は第2声に変えて発音します。ただし、声調の符号はすべて [ˇ] のままです。

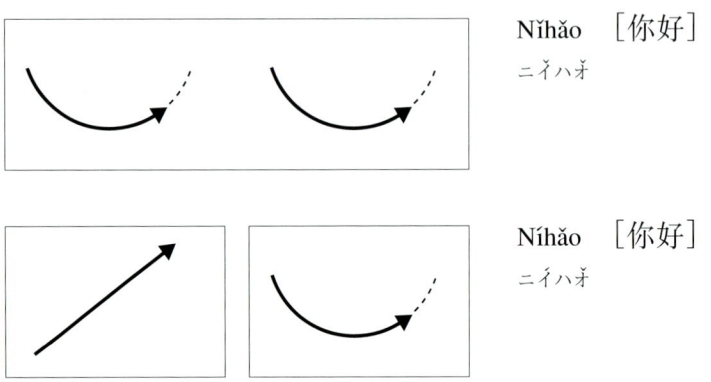

Nǐhǎo　［你好］
ニイハオ

Níhǎo　［你好］
ニイハオ

【変　調】bù［不］と yī［一］

否定を表す bù［不］は本来第4声ですが、あとに第4声が来ると、bù は第2声に変化します。声調符号も変化した第2声のマークをつけます。また、数詞の yī［一］の声調変化もあります。本書では bù［不］と yī［一］の発音はすべて声調変化後の声調符号をつけてありますから、その声調符号通りに発音してください。

bù chī　［不吃］　　　bù lái　［不来］
プゥチー　　　　　　　プゥライ

bù hǎo　［不好］　　　bú qù　［不去］
プゥハオ　　　　　　　プゥチュ

2、単母音と複母音

a　　o　　e　　yi [-i]　　wu [-u]　　yu [-u, -ü]

【単母音】

a	日本語の「ア」よりやや口を大きくあけて「アー」とのばす。
o	日本語の「オ」よりも唇をまるく突き出して発音する。
e	唇を「エ」という時の形にあけ、舌全体を奥にひっこめるようにして「オ」と声で発音する。
i	日本語の「イ」よりやや唇を左右にひいて「イー」と声を出す。
u	日本語の「ウ」よりも思いきって唇をまるくつきだして「ウー」。
ü	横笛を吹くときのように口をすぼめて「ユィー」。

【複母音】

複母音は、二重母音と、三重母音、鼻音（n、ng）を伴うものに分かれます。一部のものを除いて、単母音の特徴を念頭において発音します。ここでは、詳細の説明を省略します。ＣＤを何回か聞きながら練習しましょう。

(1) 二重母音

ai	ei	ao	ou
アイ	エイ	アオ	オウ

注：以上の４個は前の母音を主たるものとし、切れ目なくなめらかに後ろの母音に移して、長めに発音する。

ya [-ia]	ye [-ie]	wa [-ua]	wo [-uo]	yue [-ue]
イア	イエ	ウア	ウオ	ユエ

注：以上の5個は後ろの母音を主たるものとし、後ろの母音を中心にして、前の母音を発音するとすぐに後ろの母音に移して、後ろの母音の特徴をしっかり出すように発音する。

（2）三重母音

yao [-iao]	you [-iu]	wai [-uai]	wei [-ui]
イアオ	イオウ	ウアイ	ウエイ

注：以上の三重母音の特徴は、最初のiやuは瞬間時に終わるが、しかし確実に発音する。前に子音を伴う時、you、wei は o, e がつづりから消えて、消えた o, e の発音は比較的に弱くなるが、三重母音の特徴はそのまま維持する。

（3）鼻音（n、ng）

鼻音（n、ng）を伴うものは、-nで終わるのか-ngで終わるのが迷うことがありますが、舌の位置を確認して、以下のような対応関係を知っておくと便利です。

中国語で：-n は日本漢字音で［ーン］で終わる
例：安 ān ―アン（ヌ）　案内（アンナイ）
-n は、舌を硬口蓋の前方につけて息を止める中国語で：-ng は日本漢字音で［ーウ］または［ーイ］で終わる。
例：王 wáng ―アン　案外（アンガイ）-ng は口をあけて息を鼻の方にぬく

an	ang	en	eng
アン（ヌ）	アン	エン（ヌ）	オン

注：eng は口中の状態を比較的に広くする。

yan [-ian]	yang [-iang]	yin [-in]	ying [-ing]
イアン(ヌ)	イアン	イン(ヌ)	イン

注：yan -ian は［イアン］ではないことを注意する。

wan [-uan]	wang [-uang]	wen [-un]	wong [-ong]
ウアン(ヌ)	ウアン	ウエン	ウオン

注：以上の鼻音は唇をつぼめて前に突き出すようにして［ウ］を出すのがポイント。前に子音を伴う時、dun のように真ん中の母音が弱くなり、つづりから e が消える。

yuan [-uan]	yun [-un]	yong [-iong]
ユエン(ヌ)	ユン(ヌ)	イヨン

注：以上の鼻音は、発音する最初のとき、唇が横笛を吹くときのような形に、口をすぼめて「ィ」と声を出すと発音し易いです。

（4）そり舌母音

　a とも e ともつかぬあいまいな音を出し、同時に舌先を奥に向かってそり上げて発音する。

er
アル

3、子音

中国語の音節は「子音＋母音」からなります。子音は21個あると言われ、以下のように口の中の構えによって6種類に分けます。中国語は、子音の中に、有気音と無気音の対立があります。有気音は息をため、急速に破裂させて発音します。これに対して無気音は息を徐々におだやかに出すようにして発音します。

（1）唇　音（（　）内の音は発音練習用の母音）

b (o)	p (o)	m (o)	f (o)
ボ	ポ	モ	フォ
（無気音）	（有気音）		

（2）舌尖音

d (e)	t (e)	n (e)	l (e)
デゥ	トゥ	ヌゥ	ラゥ
（無気音）	（有気音）		

（3）舌根音

g (e)	k (e)	h (e)
グゥ	クゥ	フゥ
（無気音）	（有気音）	

（4）舌面音

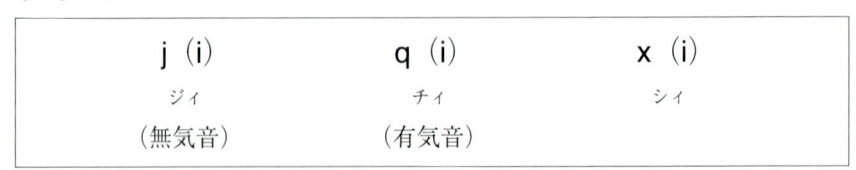

j (i)	q (i)	x (i)
ジィ	チィ	シィ
（無気音）	（有気音）	

（5）そり舌音

zh (i)	ch (i)	sh (i)	r (i)
ヂィ	チィ	シィ	リィ
（無気音）	（有気音）		

注：そり舌音に付く -i ［ɭ］は単母音 -i（yi）とは違う音。

（6）舌歯音

z (i)	c (i)	s (i)
ズ	ツ	ス
（無気音）	（有気音）	

注：舌歯音に付く -i ［ɭ］の発音は口を左右に引いて、舌先を歯の裏につけて「ッー、ッー、スー」と発音する。

4、アル化音

そり舌音の er が他の音の後について一つになったものを r 化音と言います。音節末尾をそり舌音 er と一体化させ発音します。

この場合のつづり方は

gēr「歌儿」、

huār「花儿」

のようにつづります。

ピンイン表

中　国　語

例字\声母	韵																	
	开					口			呼							齐		
	1 -i[ɿ,ʅ]	2 a	3 o	4 e	5 ê	6 er	7 ai	8 ei	9 ao	10 ou	11 an	12 en	13 ang	14 eng	15 ong	16 i	17 ia	18 ie
O		a 阿	o 喔	e 鹅	ê 欸	er 儿	ai 哀	ei 欸④	ao 熬	ou 欧	an 安	en 恩	ang 昂	eng 鞥		yi 衣	ya 鸭	ye 耶
b		ba 巴	bo 玻				bai 白	bei 杯	bao 包		ban 般	ben 奔	bang 邦	beng 绷		bi 逼		bie 别
p		pa 爬	po 坡				pai 拍	pei 胚	pao 抛	pou 剖	pan 潘	pen 喷	pang 旁	peng 烹		pi 批		pie 撇
m		ma 妈	mo 摸	me 么			mai 买	mei 梅	mao 猫	mou 谋	man 瞒	men 闷	mang 忙	meng 蒙		mi 迷		mie 灭
f		fa 发	fo 佛					fei 非		fou 否	fan 帆	fen 分	fang 方	feng 风				
d		da 搭		de 德			dai 呆	dei 得①	dao 刀	dou 兜	dan 担		dang 当	deng 登	dong 东	di 低		die 爹
t		ta 他		te 特			tai 胎		tao 掏	tou 偷	tan 摊		tang 汤	teng 疼	tong 通	ti 梯		tie 贴
n		na 拿		ne 讷			nai 奶	nei 内	nao 脑	nou 耨	nan 男	nen 嫩	nang 囊	neng 能	nong 农	ni 泥		nie 捏
l		la 拉		le 勒			lai 来	lei 雷	lao 老	lou 楼	lan 兰		lang 郎	leng 冷	long 龙	li 梨	lia 俩	lie 列
g		ga 嘎		ge 哥			gai 该	gei 给	gao 高	gou 沟	gan 干	gen 根	gang 刚	geng 庚	gong 工			
k		ka 咖		ke 科			kai 开		kao 考	kou 口	kan 看	ken 肯	kang 糠	keng 坑	kong 空			
h		ha 哈		he 喝			hai 海	hei 黑	hao 耗	hou 侯	han 寒	hen 很	hang 杭	heng 哼	hong 轰			
j																ji 鸡	jia 家	jie 街
q																qi 欺	qia 恰	qie 切
x																xi 希	xia 瞎	xie 歇
zh	zhi 知			zhe 遮			zhai 摘	zhei 这②	zhao 招	zhou 舟	zhan 占	zhen 针	zhang 张	zheng 争	zhong 中			
ch	chi 吃			che 车			chai 差		chao 超	chou 抽	chan 产	chen 陈	chang 昌	cheng 成	chong 充			
sh	shi 诗			she 奢			shai 筛	shei 谁③	shao 烧	shou 收	shan 山	shen 身	shang 商	sheng 生				
r	ri 日			re 热					rao 绕	rou 柔	ran 然	ren 人	rang 嚷	reng 扔	rong 绒			
z	zi 滋			ze 则			zai 灾		zao 遭	zou 邹	zan 簪	zen 怎	zang 藏	zeng 增	zong 宗			
c	ci 雌			ce 测			cai 猜		cao 操	cou 凑	can 参	cen 岑	cang 仓	ceng 层	cong 葱			
s	si 司			se 色			sai 腮		sao 骚	sou 搜	san 三	sen 森	sang 桑	seng 僧	song 松			

① "必须"的意思, 如: 你得去一次。　② "这"的口语音。　③ "谁"的口语音。　④ "欸"(ê)的又读。

節　全　表

齿呼					合			口			呼			撮	口	呼	
21 ian	22 in	23 iang	24 ing	25 iong	26 u	27 ua	28 uo	29 uai	30 uei	31 uan	32 uen	33 uang	34 ueng	35 ü	36 üe	37 üan	38 ün
yan 烟	yin 因	yang 央	ying 英	yong 拥	wu 乌	wa 娃	wo 窝	wai 歪	wei 威	wan 弯	wen 温	wang 汪	weng 翁	yu 迂	yue 约	yuan 渊	yun 晕
bian 边	bin 宾		bing 兵		bu 布												
pian 偏	pin 拼		ping 平		pu 铺												
mian 棉	min 民		ming 名		mu 木												
					fu 夫												
dian 颠			ding 丁		du 都		duo 多		dui 对	duan 端	dun 敦						
tian 天			ting 听		tu 秃		tuo 托		tui 腿	tuan 团	tun 吞						
nian 年	nin 您	niang 娘	ning 宁		nu 奴		nuo 挪			nuan 暖				nü 女	nüe 虐		
lian 连	lin 林	liang 良	ling 零		lu 炉		luo 罗			luan 乱	lun 论			lü 吕	lüe 掠		
					gu 姑	gua 瓜	guo 郭	guai 乖	gui 规	guan 官	gun 棍	guang 光					
					ku 枯	kua 夸	kuo 阔	kuai 快	kui 亏	kuan 宽	kun 困	kuang 筐					
					hu 呼	hua 花	huo 活	huai 怀	hui 灰	huan 欢	hun 昏	huang 荒					
jian 间	jin 斤	jiang 江	jing 京	jiong 窘										ju 居	jue 决	juan 捐	jun 均
qian 千	qin 亲	qiang 腔	qing 青	qiong 穷										qu 区	que 缺	quan 圈	qun 群
xian 先	xin 新	xiang 香	xing 星	xiong 兄										xu 虚	xue 学	xuan 宣	xun 勋
					zhu 朱	zhua 抓	zhuo 桌	zhuai 拽	zhui 追	zhuan 专	zhun 准	zhuang 庄					
					chu 出	chua 欻	chuo 踔	chuai 揣	chui 吹	chuan 川	chun 春	chuang 窗					
					shu 书	shua 刷	shuo 说	shuai 衰	shui 水	shuan 拴	shun 顺	shuang 双					
					ru 如		ruo 弱		rui 锐	ruan 软	run 闰						
					zu 租		zuo 昨		zui 嘴	zuan 钻	zun 尊						
					cu 粗		cuo 撮		cui 催	cuan 窜	cun 村						
					su 苏		suo 所		sui 虽	suan 酸	sun 孙						

発音総合練習

1 CDを聞いて、発音しなさい。

(1) ba / pa　(2) de / te　(3) ge / ke　(4) ji / qi　(5) zhi / chi

(6) shi / ri　(7) zi / ci　(8) si / xi　(9) he / fo　(10) lu / ru

(11) mo / fo　(12) shu / shi　(13) qi / chi　(14) si / shi　(15) ka / ca

2 CDを聞いて、発音された方に○をつけなさい。

(1) pa / ba　(2) gu / ku　(3) ji / qi　(4) da / ta　(5) zhi / chi

(6) hu / fu　(7) qi / chi　(8) shi / xi　(9) ci / si　(10) ji / zhi

3 CDを聞いて、発音しなさい。

(1) yan / yang　(2) xin / xing　(3) qin / qing　(4) qian / qiang　(5) ken / keng

(6) zhan / zhang　(7) chuan / chuang　(8) gen / geng　(9) ren / reng　(10) shen / sheng

4 ＣＤを聞いて、発音された方に○をつけなさい。

(1) kan　　(2) xian　　(3) qin　　(4) kuan　　(5) gen
　　 kang　　　 xiang　　　 qing　　　 kuang　　　 geng

(6) cun　　(7) cong　　(8) lun　　(9) qing　　(10) shan
　　 chun　　　 kong　　　 ren　　　 jing　　　 san

5 ＣＤを聞いて、ピンインで書き取りなさい。

(1)_____　(2)_____　(3)_____　(4)_____

(5)_____　(6)_____　(7)_____　(8)_____

6 ＣＤを聞いて、発音しなさい。

(1) mā má mǎ mà

(2) māma máma mǎma màma

(3) Māma qí mǎ,　mǎ màn,　māma mà mǎ.
　　 妈妈 骑 马,　马 慢,　妈妈 骂 马。

7 ＣＤを聞いて、発音された方に○をつけなさい。

(1) mā　　(2) mà　　(3) mǎ　　(4) māmá
　　 má　　　 mǎ　　　 mā　　　 mǎmà

(5) mámá　　(6) mǎmà　　(7) mǎmáng　　(8) màmān
　　 māmá　　　 pámà　　　 mámāng　　　 mámán

8 ＣＤを聞いて、声調をつけなさい。

(1) chifan　　(2) heshui　　(3) qichuang　　(4) shuijiao

(5) Zhongguo　(6) Riben　　(7) Meiguo　　(8) Yingguo

9 地名で声調パターンを練習しなさい。

	1声	2声	3声	4声	軽声
1声	Dōngjīng 东京	Zhōngguó 中国	Xiānggǎng 香港	Shēnzhèn 深圳	māma 妈妈
2声	Táiwān 台湾	Yúnnán 云南	Héběi 河北	Fújiàn 福建	yéye 爷爷
3声	Běijīng 北京	Měiguó 美国	Měnggǔ 蒙古	Wǔhàn 武汉	nǎinai 奶奶
4声	Sìchuān 四川	Guìlín 桂林	Rìběn 日本	Yìndù 印度	bàba 爸爸

第1章 日常会话

日 常 会 話

STEP 1

你好 こんにちは
Nǐ hǎo

基礎表現　CD 7

① 早上 好！
　Zǎoshang hǎo!

② 你 好！
　Nǐ hǎo!

③ 晚上 好！
　Wǎnshang hǎo!

④ 晚 安。
　Wǎn ān.

⑤ 谢谢。
　Xièxie.

⑥ 多谢 你 了。
　Duō xiè nǐ le.

⑦ 太 感谢 你 了。
　Tài gǎnxiè nǐ le.

⑧ 好久 不 见 了。
　Hǎojiǔ bú jiàn le.

⑨ 你 忙 吗?
　Nǐ máng ma?

⑩ 身体 好 吗?
　Shēntǐ hǎo ma?

① おはようございます。
② こんにちは。
③ こんばんは。
④ おやすみなさい。
⑤ ありがとうございます。
⑥ 大変感謝しています。
⑦ 大変感謝しています。
⑧ お久しぶりです。
⑨ お忙しいですか。
⑩ お元気ですか。

文法ポイント

● 中国語の形容詞は述語として用いられます。述語となる形容詞は、副詞によって修飾されることがありますが、英語のbe動詞につられて"是"を加えないように注意してください。否定形は副詞"不"を否定される形容詞の前に置きます。

例文： 我 很 忙。　　　　　Wǒ hěn máng.　　　　　　私は忙しい。
　　　 我 非常 高兴。　　　Wǒ fēicháng gāoxìng.　　　私は非常にうれしい。
　　　 今天 不 冷。　　　　Jīntiān bù lěng.　　　　　　今日は寒くない。

ミニ会話

A：你 早。　　　　　　　おはようございます。
　　Nǐ zǎo.

B：早上 好！　　　　　　おはようございます。
　　Zǎoshang hǎo!

A：你 身体 好 吗？　　　お元気ですか？
　　Nǐ shēntǐ hǎo ma?

B：很 好，谢谢。你 呢？　元気です。ありがとうございます。あなたは？
　　Hěn hǎo, xièxie.　Nǐ ne?

A：我 身体 也 很 好，谢谢。　私も元気です。ありがとうございます。
　　Wǒ shēntǐ yě hěn hǎo, xièxie.

B：你 今天 忙 吗？　　　今日はお忙しいですか？
　　Nǐ jīntiān máng ma?

A：我 今天 不 太 忙。　　今日はあまり忙しくないです。
　　Wǒ jīntiān bú tài máng.

関連語句

一人称	我 wǒ 私		我们 wǒmen 私たち	
二人称	你 nǐ あなた	您 nín（敬称）	你们 nǐmen あなたたち	
三人称	他 tā 彼	她 tā 彼女	他们 tāmen 彼ら	她们 tāmen 彼女ら
疑問	谁 shéi 誰		谁 shéi 誰	

上午 shàngwǔ「午前」，中午 zhōngwǔ「昼」，下午 xiàwǔ「午後」

23

練習問題 1

1 次の日本語を中国語に訳しなさい。

1）こんにちは。
　　訳：_____
2）彼らはお元気ですか？
　　訳：_____
3）お忙しいですか？
　　訳：_____
4）ありがとうございます、私は元気です。
　　訳：_____

2 以下の語句を選んで文を完成しなさい。

也、　　吗、　　很、　　不

1）我中午＿＿＿＿忙。
2）她身体好＿＿＿＿？
3）我身体＿＿＿＿很好。
4）他们下午＿＿＿＿忙。（否定文にする）

3 次の場合、中国語ではどのように言いますか。

1）人に会ってあいさつするとき。
　　答：_____
2）寝る前にあいさつするとき。
　　答：_____
3）久しぶりに友人と会ったとき。
　　答：_____
4）感謝の気持ちを表すとき。
　　答：_____

你好！

　　中国語で"你好！"と書いて、"你"はあなたの事で、"好"は良い、元気だという意味である。この二字のことばで、「おはよう」「こんにちは」「こんばんは」の三役をこなすことが、少し中国の漢字の知識を持っていれば、納得できるだろう。この"你好！"はいつでも使える挨拶ことばである。実際人々はあちこちで、朝、昼、晩関係なく"你好！"を口にしている。ただ、中国語の"你好！"にはちょっとバリエーションがある。丁寧な言い方は"您好！"、相手が複数の場合は"你们好！"と言うことになる。朝専用の挨拶ことばの"你早"もよく使われている。そのほか、呼びかけるといった挨拶の仕方がある。つまり、相手の名前を呼んで挨拶するのである。例えば、"王老师！"（王先生！）とか、"李先生！"（李さん！）とか言うのである。また、日常よく顔を合わせるような親しい間柄なら、その場に適した表現、例えば、"吃了吗？"（食事済んだ？）とか、"下班了！"（お帰り！）などの言い方がある。

STEP 2

再见　さようなら
Zàijiàn

基礎表現

① 再见。
　Zàijiàn.

② 一会儿见。
　Yíhuìr jiàn.

③ 明天见。
　Míngtiān jiàn.

④ 电影院 门口见。
　Diànyǐngyuàn ménkǒu jiàn.

⑤ 请再来玩儿。
　Qǐng zài lái wánr.

⑥ 请常来坐。
　Qǐng cháng lái zuò.

⑦ 请代问你父母好。
　Qǐng dài wèn nǐ fùmǔ hǎo.

⑧ 我先走了。
　Wǒ xiān zǒu le.

① さようなら。
② またあとで会いましょう。
③ また明日会いましょう。
④ 映画館の前で会いましょう。
⑤ また遊びに来てください。
⑥ また来てください。
⑦ ご両親によろしくお伝えください。
⑧ お先に失礼します。

文法ポイント

● 判断動詞の"是"は主語について判断、説明、断定を示し、英語のbe動詞に似ています。しかし、主語の人称、単数、複数、現在、過去、未来等によって変化しません。"是"の否定形は"不是"を用いて表します。

例文：我 是 日本人。　　Wǒ shì Rìběnrén.　　　　私は日本人です。
　　　我 不是 中国人。　Wǒ búshì Zhōngguórén.　私は中国人ではない。

ミニ会話 　　CD 11

A：你是哪国人？
　　Nǐ shì nǎ guó rén?
　　あなたはどこの国の方ですか？

B：我是日本人。您贵姓？
　　Wǒ shì Rìběnrén. Nín guì xìng?
　　私は日本人です。お名前は？

A：我姓王，叫王力。你呢？
　　Wǒ xìng Wáng, jiào Wáng Lì. Nǐ ne?
　　私は王といいます、王力と申します。あなたは？

B：我叫铃木太郎。请多关照。
　　Wǒ jiào Língmù Tàiláng. Qǐng duō guānzhào.
　　私は鈴木太郎と申します。よろしくお願いします。

A：也请你多关照。明天见。
　　Yě qǐng nǐ duō guānzhào. Míngtiān jiàn.
　　こちらこそよろしくお願いします。また明日会いましょう。

B：再见。
　　Zàijiàn.
　　さようなら。

関連語句　　CD 12

也	yě	も		后天	hòutiān	しあさって
都	dou	みんな、全部		中国	Zhōngguó	中国
常常	chángcháng	いつも		美国	Měiguó	アメリカ
昨天	zuótiān	昨日		韩国	Hánguó	韓国
今天	jīntiān	今日		英国	Yīngguó	イギリス
前天	qiántiān	おととい		法国	Fǎguó	フランス

練習問題 2

1 次の日本語を中国語に訳しなさい。

1）また明日会いましょう。
　　訳：_____
2）彼もイギリス人です。
　　訳：_____
3）よろしくお願いします。
　　訳：_____
4）また遊びに来てください。
　　訳：_____

2 以下の語句を選んで文を完成しなさい。

是、　　常常、　　也、　　叫

1）他_____不是韩国人。
2）我们都_____日本人。
3）他_____田中太郎。
4）她_____来我家。

3 次の場合、中国語ではどのように言いますか。

1）別れるとき。
　　答：_____
2）映画館の前でまた会うとき。
　　答：_____
3）王力さんによろしくお伝えしたいとき。
　　答：_____
4）人より先に失礼するとき。
　　答：_____

中国

　中国は総面積約960平方メートルの国土に13億の人口を抱える。東西5000キロメートル、南北5500キロメートルの国土はロシア、カナダに次ぐ世界第3位の広さで、日本の約26倍に当たる。世界の人口の約4分の1に当たる国民は56の民族で構成され、その90％以上を漢民族が占めている。

　中国全国には北京、上海、天津、重慶の四つの直轄市、河北、陝西、広東、福建、四川など23省、さらに新疆、西蔵、広西、内蒙古、寧夏の5自治区がある。中国には名山、大河が極めて多い。「世界の屋根」と呼ばれるヒマラヤ山脈、有名な黄山、廬山、泰山、華山などがある。中国第一の河川は長江で、全長6300キロメートルである。その次は黄河で、全長5464キロメートルである。そして、いずれも中国西部の青海省に源を発している。

STEP 3

对不起　ごめんなさい
Duìbuqǐ

基礎表現

① 对不起。
　 Duìbuqǐ.

② 麻烦你了。
　 Máfan nǐ le.

③ 打搅你了。
　 Dǎjiǎo nǐ le.

④ 没关系。
　 Méiguānxi.

⑤ 哪里，哪里。
　 Nǎli, nǎli.

⑥ 哪儿的话。
　 Nǎr de huà.

⑦ 别客气。
　 Bié kèqi.

⑧ 请原谅。
　 Qǐng yuánliàng.

① ごめんなさい。
② お手数をお掛けします。
③ お邪魔します。
④ 大丈夫です。（なんでもありません。）
⑤ どういたしまして。
⑥ とんでもありません。
⑦ 遠慮しないでください。
⑧ お許しください。

文法ポイント

● "来""去"など一般動詞を用いる文は、動詞の後に目的語をとる事が出来ます。この点は英語に似ています。副詞と動詞の関係は「修飾＋被修飾」の関係なので、副詞は動詞の前に置きます。この点は日本語に似ています。

例文： 她 来 北京。　　　Tā lái Běijīng.　　　彼女は北京に来る。
　　　 他 一定 来。　　　Tā yídìng lái.　　　 彼はきっと来る。
　　　 他 不 来。　　　　Tā bù lái.　　　　　彼は来ない。

ミニ会話

A：对不起，我 来晚 了。　　ごめんなさい、遅くなりました。
　　Duìbuqǐ, wǒ láiwǎn le.

B：没关系，我 也 刚 到。　　大丈夫です、私も来たばかりです。
　　Méiguānxi, wǒ yě gāng dào.

A：总是 麻烦 你，真　　　　いつもご迷惑お掛けして、本当に申し訳あり
　　Zǒngshì máfan nǐ, zhēn　　ません。
　　不好意思。
　　bùhǎoyìsi.

B：哪里，哪里。　　　　　　いや、いや、どういたしまして。
　　Nǎli, nǎli.

A：我们 去 吃饭 吧。　　　　私達は食事に行きましょう。
　　Wǒmen qù chīfàn ba.

B：好，走 吧。　　　　　　　はい、行きましょう。
　　Hǎo, zǒu ba.

関連語句

抱 歉	bàoqiàn	すまなく思う	非 常	fēicháng	非常に、きわめて
道 歉	dàoqiàn	遺憾の意を表す、謝る	太…了	tài…le	すごく…だ、とても
生 气	shēngqì	腹が立つ、怒る	真 的	zhēnde	本当に
为 难	wéinán	困難を感じる、困る	来	lái	来る
明 白	míngbai	理解する、わかる	去	qù	行く

練習問題 3

1 次の日本語を中国語に訳しなさい。

1) すみません、彼は行きません。
   訳：＿＿＿＿＿＿＿＿＿＿＿＿＿＿＿＿＿
2) どういたしまして。
   訳：＿＿＿＿＿＿＿＿＿＿＿＿＿＿＿＿＿
3) 彼は明日中国に行きます。
   訳：＿＿＿＿＿＿＿＿＿＿＿＿＿＿＿＿＿
4) 本当にごめんなさい。
   訳：＿＿＿＿＿＿＿＿＿＿＿＿＿＿＿＿＿

2 以下の語句を選んで文を完成しなさい。

　　　真、　　別、　　去、　　要

1) 太郎＿＿＿＿中国。
2) 请你＿＿＿＿客气。
3) ＿＿＿＿不好意思。
4) 哪里哪里，不＿＿＿＿客气。

3 次の場合、中国語ではどのように言いますか。

1) お詫びするとき。
   答：＿＿＿＿＿＿＿＿＿＿＿＿＿＿＿＿＿
2) お詫びされたときの言い方。
   答：＿＿＿＿＿＿＿＿＿＿＿＿＿＿＿＿＿
3) 遅れたことをお詫びするとき。
   答：＿＿＿＿＿＿＿＿＿＿＿＿＿＿＿＿＿
4) 人の家にお邪魔するとき。
   答：＿＿＿＿＿＿＿＿＿＿＿＿＿＿＿＿＿

少数民族

　中国は多民族の国であり、そのうち漢民族の人口が一番多く、総人口の90%以上を占めている。他の民族は五十五ある。大多数は内蒙古自治区、新疆ウイグル族自治区、広西チワン族自治区、寧夏回族自治区およびチベット自治区に居住している。（東は台湾、南は海南島、西は新疆、チベット、北は寧夏、内蒙古に至るまで、様々な少数民族が居住している。）

　これらの少数民族は服装や飲食やまたは言語・宗教など、それぞれ異なっている。彼らは民族の言葉、文学を用いる以外、漢民族の言葉（標準語）を勉強する。中央政府は少数民族に対して様々な優遇政策を与える。例えば、漢民族に対して一人っ子政策を厳しく実施しているが、ほかの民族に対して二人の子を認めるし、または大学入試の合格点も割合に低く下げることにしている。

STEP 4

今天天气真好　今日の天気は本当に良いですね
Jīntiān tiānqì zhēn hǎo

基礎表現

CD 16

① 今天 很 冷。
　　Jīntiān hěn lěng.

② 昨天 不太 热。
　　Zuótiān bútài rè.

③ 明天 下雪。
　　Míngtiān xiàxuě.

④ 阴 转 晴。
　　Yīn zhuǎn qíng.

⑤ 我 喜欢 夏天。
　　Wǒ xǐhuan xiàtiān.

⑥ 天气 预报 说 下午 有
　　Tiānqì yùbào shuō xiàwǔ yǒu
　　雨。
　　yǔ.

⑦ 明天 好像 要 下雨。
　　Míngtiān hǎoxiàng yào xiàyǔ.

⑧ 北京 的 冬天 很 冷。
　　Běijīng de dōngtiān hěn lěng.

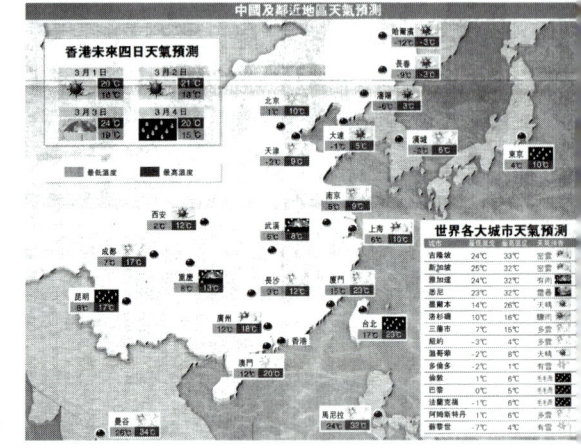

① 今日は寒いです。
② 昨日はあまり暑くなかったです。
③ 明日は雪が降る。
④ 曇りのち晴れ。
⑤ 私は夏が好きです。
⑥ 天気予報によると午後は雨だそうです。
⑦ 明日は雨が降りそうです。
⑧ 北京の冬はとても寒いです。

文法ポイント

●動詞"有"が述語となる時は、所有や存在を表します。名詞、代名詞、場所や所属を表す名詞が主語になります。その否定形は、"没有"を用います。

例文： 桌子 上 有 书。　　Zhuōzi shang yǒu shū.　　机の上に本がある。
　　　 桌子 上 没有 书。　Zhuōzi shang méiyǒu shū.　机の上に本がない。

ミニ会話

A：今天 真 热。　　　　　　今日は本当に暑いです。
　　Jīntiān zhēn rè.

B：是 啊, 听说 明天 有 雨。　そうですね、明日は雨が降るそうです。
　　Shì a, tīngshuō míngtiān yǒu yǔ.

A：噢, 下 了 雨 就 凉快 了。　そうですか、雨が降ると涼しくなりますね。
　　Ò, xià le yǔ jiù liángkuai le.

B：你 的 家乡 热 不 热?　　　あなたの故郷は暑いですか？
　　Nǐ de jiāxiāng rè bu rè?

A：不 热。你 的 家乡 呢?　　 暑くないです。あなたの故郷は？
　　Bú rè, nǐ de jiāxiāng ne?

B：我 的 家乡 又 热 又 潮湿。 私の故郷は暑くて湿気が多いです。
　　Wǒ de jiāxiāng yòu rè yòu cháoshī.

溫度	濕度	潮汐	日出日落	今日天氣預測	明日天氣預測
最高 23℃	最高 95%	潮漲 00:01 12:37	日出 06:46	天晴	天晴
最低 18℃	最低 75%	潮退 06:08 18:29	日落 18:27		

関連語句

刮 风	guāfēng	風が吹く	干 燥	gānzào	乾燥する
下冰雹	xiàbīngbáo	ひょうが降る	季 节	jìjié	季節
打 雷	dǎléi	雷がなる	春 天	chūntiān	春
下 雾	xiàwù	霧がかかる	冬 天	dōngtiān	冬
地 震	dìzhèn	地震	秋 天	qiūtiān	秋

練習問題 4

1 次の日本語を中国語に訳しなさい。

1）北京の春はよく風が吹きます。
　　訳：＿＿＿＿＿＿＿＿＿＿＿＿＿＿＿＿＿
2）私は夏が好きです。
　　訳：＿＿＿＿＿＿＿＿＿＿＿＿＿＿＿＿＿
3）天気予報によると明日は雨だそうです。
　　訳：＿＿＿＿＿＿＿＿＿＿＿＿＿＿＿＿＿
4）私は冬があまり好きではありません。
　　訳：＿＿＿＿＿＿＿＿＿＿＿＿＿＿＿＿＿

2 以下の語句を選んで文を完成しなさい。

　　　喜欢、　　不、　　又、　　好像

1）我＿＿＿＿＿＿东京的春天。
2）明天＿＿＿＿＿＿不下雨。
3）昨天的雨大＿＿＿＿＿＿大?
4）昨天＿＿＿＿＿＿刮风，又下雨。

3 次の場合、中国語ではどのように言いますか。

1）明日は雨が降らないだろうと推測するとき。
　　答：＿＿＿＿＿＿＿＿＿＿＿＿＿＿＿＿＿
2）北京の冬が寒いかどうか聞く。
　　答：＿＿＿＿＿＿＿＿＿＿＿＿＿＿＿＿＿
3）人にどんな季節が好きか聞く。
　　答：＿＿＿＿＿＿＿＿＿＿＿＿＿＿＿＿＿
4）自分の好きな季節、あるいはあまり好きではない季節を言う。
　　答：＿＿＿＿＿＿＿＿＿＿＿＿＿＿＿＿＿

数字

　中国人は数字に対してこだわりが大きい。それには、二つの理由がある。第一は、数字の意味からである。それは、中国人は基本的に偶数を好むからである。偶数は完全であるという意味を持っている。ことわざに"両全斎美"というのがある。中国人は贈り物する時によく二つする習慣がある。例えば、お酒を送る時に二本にしたり、ハンカチを送るのに、二枚にしたりする。偶数以外は"九"の数字を好む人もいる。それは、"九"の数字が一桁の数字"0"から"9"の中では最大の数字だからである。中国古代の皇帝は自分のことを"九五之尊"で表現しているのである。最大、多数、数えられないほど数が多いことを表現するときに"九"を用いたりする。もう一つは中国の発音からである。古くから偶数の"四"を好む人は多かったのだが、最近気にする人も少なくない。それは、"四"の中国の発音は中国語の"死"の発音と似ているからである。そういうわけで、電話番号とか車の番号なども"四"がついている番号は人気がなく、値段が下がることもある。

九龍壁

STEP 5

你多大了? あなたは何歳ですか？
Nǐ duō dà le?

基礎表現　　　　　　　　　　　　　　　　　　　　　　CD 19

① 你 几 岁 了?
　 Nǐ jǐ suì le?

② 你 多 大 了?
　 Nǐ duō dà le?

③ 你 今年 十 几 了?
　 Nǐ jīnnián shí jǐ le?

④ 您 多 大 年纪 了?
　 Nín duō dà niánjì le?

⑤ 我 今年 十九 岁 了。
　 Wǒ jīnnián shíjiǔ suì le.

⑥ 他 儿子 已经 十五 了。
　 Tā érzi yǐjīng shíwǔ le.

⑦ 他 今年 还 不 到 二十。
　 Tā jīnnián hái bú dào èrshí.

⑧ 他 看上去 有 四十 左右。
　 Tā kànshangqu yǒu sìshí zuǒyòu.

① 君はいくつですか？
② あなたは何歳ですか？
③ あなたは今年十何歳ですか？
④ あなたはおいくつになられましたか？
⑤ 私は今年十九歳です。
⑥ 彼の息子はもう十五歳になりました。
⑦ 彼は今年まだ二十歳になっていない。
⑧ 彼は見たところ四十歳ぐらいです。

文法ポイント

● 文末の"了"は変化や新しい事態の発生を表します。また語気助詞として用いる時もあります。日常会話でよく使うので、そのまま丸暗記しましょう。

例文：他 今年 十八 岁 了。　Tā jīnnián shíbā suì le.　彼は今年十八歳になった。
　　　他 去 中国 了。　　　Tā qù Zhōngguó le.　　　彼は中国に行った。

● 中国では相手によって歳の聞き方が異なる。

例文：你 几 岁 了?　　→子供に。　　你 多 大 了?　→若者・中年に。
　　　您 多 大 年纪 了?　→年配者に。

ミニ会話

A：你 有 二十三 了 吧? 　　あなたは二十三歳ぐらいでしょう?
　　Nǐ yǒu èrshisān le ba?

B：听说 日本人 一般 不 问　日本人はふだん年齢を聞かないそうですね。
　　Tīngshuō Rìběnrén yìbān bú wèn
　　年龄。
　　niánlíng.

A：可是 我们 问 外国人 的　しかし、私達は外国人に年齢を聞きます。
　　Kěshì wǒmen wèn wàiguórén de
　　年龄。
　　niánlíng.

B：那么，你 今年 多大 了?　では、あなたは今年何歳ですか。
　　Nàme, nǐ jīnnián duō dà le?

A：你 怎么 问 我 的 隐私　どうして私のプライバシーを聞くのですか?
　　Nǐ zěnme wèn wǒ de yǐnsī
　　呢?
　　ne?

B：彼此彼此 嘛。　　　　　お互いさまですよ。
　　Bǐcǐbǐcǐ ma.

関連語句

小 姐 xiǎojie	お嬢さん、…さん	夫 人 fūren	奥さん
先 生 xiānsheng	…さん	丈 夫 zhàngfu	夫
爱 人 àiren	妻、夫	妻 子 qīzi	妻

数の数え方

| 一 yī | 二 èr | 三 sān | 四 sì | 五 wǔ |
| 六 liù | 七 qī | 八 bā | 九 jiǔ | 十 shí |

練習問題 5

1 次の日本語を中国語に訳しなさい。

1) 彼は二十三歳だそうです。
   訳：＿＿＿＿＿＿＿＿＿＿＿＿＿＿＿＿＿＿＿＿＿
2) 彼は今年二十八才です。
   訳：＿＿＿＿＿＿＿＿＿＿＿＿＿＿＿＿＿＿＿＿＿
3) 彼女の夫はまだ三十六歳になっていない。
   訳：＿＿＿＿＿＿＿＿＿＿＿＿＿＿＿＿＿＿＿＿＿
4) 彼は昨日中国へ行きました。
   訳：＿＿＿＿＿＿＿＿＿＿＿＿＿＿＿＿＿＿＿＿＿

2 以下の語句を選んで文を完成しなさい。

> 听说、　　了、　　多大、　　几

1) 他去年去中国＿＿＿＿＿＿＿。
2) 小朋友今年＿＿＿＿＿＿＿岁了？
3) 请问，你＿＿＿＿＿＿＿了？
4) ＿＿＿＿＿＿＿日本人不问对方的年龄。

3 次の場合、中国語ではどのように言いますか。

1) 年配の方に年齢を尋ねるとき。
   答：＿＿＿＿＿＿＿＿＿＿＿＿＿＿＿＿＿＿＿＿＿
2) 子供に年齢を尋ねるとき。
   答：＿＿＿＿＿＿＿＿＿＿＿＿＿＿＿＿＿＿＿＿＿
3) 大人に年齢を尋ねるとき。
   答：＿＿＿＿＿＿＿＿＿＿＿＿＿＿＿＿＿＿＿＿＿
4) 彼の年齢は大体二十前後だと推測するとき。
   答：＿＿＿＿＿＿＿＿＿＿＿＿＿＿＿＿＿＿＿＿＿

十二支

　中国人が年齢をたずねられ、何歳かを答える以外に時々「猿年の生まれです」「馬年の生まれです」などと付け加えることがある。これらの動物の名前、「猿」「馬」などは、その人が生まれた年を象徴するのに用いられている。

　十二支は"子，丑，寅，卯，辰，巳，午，未，申，酉，戌，亥"である。また、中国では伝統的に十二支と12の動物を対応させて誕生の年を示す。その対応は、"子鼠（ねずみ），丑牛（うし），寅虎（とら），卯兔（うさぎ），辰龙（たつ），巳蛇（へび），午马（うま），未羊（ひつじ），申猴（さる），酉鸡（とり），戌狗（いぬ），亥猪（ぶた）"となる。この方法に従うと2002年は馬年となり、2003年生まれの子供は羊年生まれです。

　そこで、日本は中国と同じように十二支があるが、語彙の使い方に少しの違いがある。例えば、中国語で"我属猪的"と言ったとき、日本語で表現するとしたら、「私はいのしし年の生まれです」になる。

STEP 6

今天 星期 几? 今日は何曜日ですか？
Jīntiān xīngqī jǐ?

基礎表現

CD 22

① 今年 是 哪 年?
　 Jīnnián shì nǎ nián?

② 明年 是 二零零几 年?
　 Míngnián shì èrlínglíngjǐ nián?

③ 今年 是 二零零二 年。
　 Jīnnián shì èrlínglíngèr nián.

④ 今天 几 月 几 号?
　 Jīntiān jǐ yuè jǐ hào?

⑤ 今天 七 月 七 号。
　 Jīntiān qī yuè qī hào.

⑥ 你 的 生日 是 几 月 几 号?
　 Nǐ de shēngri shì jǐ yuè jǐ hào?

⑦ 你 是 哪 年 出生 的?
　 Nǐ shì nǎ nián chūshēng de?

⑧ 今天 星期 几?
　 Jīntiān xīngqī jǐ?

① 今年は何年ですか？
② 来年は二千何年ですか？
③ 今年は二千二年です。
④ 今日は何月何日ですか？
⑤ 今日は七月七日です。
⑥ あなたの誕生日は何月何日ですか？
⑦ あなたは何年生まれですか？
⑧ 今日は何曜日ですか？

文法ポイント

● 動作の発生した時間、場所、方法、手段などを強調して説明するときには、述語の前後に"是"と"的"を置いて"是…的"の形で表します。肯定形は"是"を省略することが可能です。

例文：我 是 一点 来 的。　Wǒ shì yìdiǎn lái de.　　私は一時に来たのです。
　　　我 是 坐 电车 来 的。Wǒ shì zuò diànchē lái de.　私は電車で来たのです。

● アスペクト助詞"过"は動詞の後に用いて、過去に発生したことがあるという意味を表します。

例文：我 去过 美国。　Wǒ qùguo Měiguó.　　私はアメリカに行った事がある。

ミニ会話

A：今天 星期 几?
　　Jīntiān xīngqī jǐ?
今日は何曜日ですか？

B：今天 星期 六。
　　Jīntiān xīngqī liù.
今日は土曜日です。

A：你 是 哪 天 来 中国 的?
　　Nǐ shì nǎ tiān lái Zhōngguó de?
あなたはいつ中国に来たのですか？

B：我 是 上 个 月 三 号 来 的。
　　Wǒ shì shàng ge yuè sān hào lái de.
私は先月の三日に来ました。

A：你 以前 来过 中国 吗?
　　Nǐ yǐqián láiguo Zhōngguó ma?
あなたは以前中国に来た事がありますか？

B：没 来过。这 是 第 一 次。
　　Méi láiguo. Zhè shì dì yī cì.
ありません。今回が初めてです。

関連語句

去 年	qùnián	去年	旅 游	lǚyóu	旅行
每 天	měitiān	毎日	打 工	dǎgōng	アルバイトをする
元 旦	Yuándàn	元旦	学汉语	xué Hànyǔ	中国語を学ぶ
春 节	Chūnjié	旧正月	国庆节	Guóqìngjié	建国記念日

練習問題 6

1 次の日本語を中国語に訳しなさい。

1） 明日は何曜日ですか？
　　訳：＿＿＿＿＿＿＿＿＿＿＿＿＿＿＿＿＿＿＿＿
2） 私は三月に中国へ行きます。
　　訳：＿＿＿＿＿＿＿＿＿＿＿＿＿＿＿＿＿＿＿＿
3） 私は金曜日に中国語を勉強しに行きます。
　　訳：＿＿＿＿＿＿＿＿＿＿＿＿＿＿＿＿＿＿＿＿
4） 私は毎日アルバイトをします。
　　訳：＿＿＿＿＿＿＿＿＿＿＿＿＿＿＿＿＿＿＿＿

2 以下の語句を選んで文を完成しなさい。

　　　是…的、　過、　没、　几

1） 我没去＿＿＿＿美国。
2） 今天星期＿＿＿＿？
3） 我＿＿＿＿三月来＿＿＿＿。
4） 他上星期三＿＿＿＿来。

3 次の質問文を中国語で答えてみましょう。

1） 今天星期几?
　　答：＿＿＿＿＿＿＿＿＿＿＿＿＿＿＿＿＿＿＿＿
2） 明天几月几号?
　　答：＿＿＿＿＿＿＿＿＿＿＿＿＿＿＿＿＿＿＿＿
3） 你的生日是几月几号?
　　答：＿＿＿＿＿＿＿＿＿＿＿＿＿＿＿＿＿＿＿＿
4） 你去过中国吗?
　　答：＿＿＿＿＿＿＿＿＿＿＿＿＿＿＿＿＿＿＿＿

正月

　元旦と比べ、中国人は「春節（お正月）」を重んじる。「春節」とは旧暦の一日であり、大体毎年の一月末か二月の初め頃である。こんな時期、一週間の休暇があるので、他郷で働いている人達は家族と団らんするために里帰りする。近年来、お正月の休暇を利用して旅行に行く人がますます多くなっている。

　「春節」の間、親戚や友達同士はお互いに訪問しあって、楽しく食事したり、おしゃべりしたり、遊んだりしている。一番こだわるのは、やはり料理である。中国の北方と南方は料理が違って、北方の人たちは餃子が好きで、南方の人たちは「湯園（餅団子）」を食べる。

　中国料理には種類が豊富で、餃子と言えば、水餃子、焼き餃子、蒸し餃子などがある。餃子の具にも、肉類や、素食類や、エビ、肉、野菜と混ぜて作られた三鮮類などがあり、それぞれの味も異なる。餃子のほかに、炒める、煮る、蒸す、焼くなどの方法によって肉、魚、野菜など様々な料理が作られる。特に、大晦日の夜、十数品以上の家庭風おせち料理は珍しいことではない。

STEP 7

现在几点了? 今何時ですか？
Xiànzài jǐ diǎn le?

基礎表現

① 现在几点了?
Xiànzài jǐ diǎn le?

② 现在十点。
Xiànzài shí diǎn.

③ 我七点一刻起床。
Wǒ qī diǎn yí kè qǐchuáng.

④ 我七点半吃早饭。
Wǒ qī diǎn bàn chī zǎofàn.

⑤ 你什么时候回家?
Nǐ shénme shíhou huíjiā?

⑥ 我看了三个小时书。
Wǒ kànle sān ge xiǎoshí shū.

⑦ 你打算住几天?
Nǐ dǎsuan zhù jǐtiān?

⑧ 我学了一年汉语了。
Wǒ xuéle yì nián Hànyǔ le.

① 今何時ですか。
② 今十時です。
③ 私は七時十五分に起きます。
④ 私は七時半に朝食を食べます。
⑤ あなたはいつ帰宅しますか？
⑥ 私は本を三時間読みました。
⑦ あなたは何日宿泊する予定ですか？
⑧ 私は中国語を一年間勉強しました。

文法ポイント

● アスペクト助詞"了"は動詞の後に置き、動作や行為の完了を表します。過去の出来事を表し、目的語が数量修飾語を伴う場合、"了"は動詞の後、数量詞の前に置きます。否定形は動詞の前に"没"または"没有"をつけて打ち消します。

例文： 他去了。　　　　　Tā qù le.　　　　　　　彼は行った。
　　　 我喝了一瓶啤酒。　Wǒ hēle yì píng píjiǔ.　私はビールを一本飲んだ。
　　　 他没来。　　　　　Tā méi lái.　　　　　　彼は来なかった。

● 「時刻」と「時間の長さ」を表す言葉は動詞をはさんで前と後に置きます。

例文： 我七点去食堂。
　　　 Wǒ qī diǎn qù shítáng.　　　　　　　　　私は七時に食堂へ行きます。

　　　 我看了一个小时电视。
　　　 Wǒ kàn le yí ge xiǎoshí diànshì.　　　　私は一時間テレビを見ました。

ミニ会話

A：现在几点了？　　今何時ですか？
　　Xiànzài jǐ diǎn le?

B：十点五十了。　　十時五十分です。
　　Shí diǎn wǔshí le.

A：我想去一下儿图书馆。　　私はちょっと図書館に行きたいです。
　　Wǒ xiǎng qù yíxiàr túshūguǎn.

B：你去多长时间？　　あなたはどのぐらい行っていますか？
　　Nǐ qù duōcháng shíjiān?

A：大概去一个小时。　　たぶん一時間ぐらい行っています。
　　Dàgài qù yí ge xiǎoshí.

B：那我十二点在食堂门口等你。　　では、私は十二時に食堂の入り口で待っています。
　　Nà wǒ shí'èr diǎn zài shítáng ménkǒu děng nǐ.

北京図書館

関連語句

洗脸	xǐliǎn	顔を洗う	上班	shàngbān	出勤する（仕事が始まる）
刷牙	shuāyá	歯を磨く	下班	xiàbān	退社する（仕事が終わる）
化妆	huàzhuāng	化粧する	睡觉	shuìjiào	寝る
洗澡	xǐzǎo	入浴する	起床	qǐchuáng	起きる
出门	chūmén	出かける	看电视	kàn diànshì	テレビを見る

練習問題 7

1 次の日本語を中国語に訳しなさい。

1）私は毎日七時に出かける。
　　訳：＿＿＿＿＿＿＿＿＿＿＿＿＿＿＿＿＿＿＿
2）あなたは今日何時に退社しますか？
　　訳：＿＿＿＿＿＿＿＿＿＿＿＿＿＿＿＿＿＿＿
3）私は一年間中国に行きました。
　　訳：＿＿＿＿＿＿＿＿＿＿＿＿＿＿＿＿＿＿＿
4）昨日私は三時間テレビを見ました。
　　訳：＿＿＿＿＿＿＿＿＿＿＿＿＿＿＿＿＿＿＿

2 以下の語句を選んで文を完成しなさい。

　　一点、　　一个小时、　　什么时候、　　多长时间

1）你＿＿＿＿来？
2）他来了＿＿＿＿了？
3）他深夜＿＿＿＿睡觉。
4）他洗了＿＿＿＿的澡。

3 次の質問文を中国語で答えてみましょう。

1）现在几点？
　　答：＿＿＿＿＿＿＿＿＿＿＿＿＿＿＿＿＿＿＿
2）你今天几点起床的？
　　答：＿＿＿＿＿＿＿＿＿＿＿＿＿＿＿＿＿＿＿
3）你昨天睡了几个小时？
　　答：＿＿＿＿＿＿＿＿＿＿＿＿＿＿＿＿＿＿＿
4）你今天打算什么时候回家？
　　答：＿＿＿＿＿＿＿＿＿＿＿＿＿＿＿＿＿＿＿

外语热（外国語ブーム）

　　現在の社会では、語学人材に対する需要が絶えず増え、出国ブームも高まった。そのため外国語を身につけ、外資企業に就職しようとし、また外国でさらに勉強しようとする若者たちがますます増加してきた。

　　それ故に、学校での講義以外に外国語スクールへ勉強に行く学生がけっこういるが、一番多いのは英語、次に日本語であり、その次はフランス語、ドイツ語、スペイン語、ロシア語などである。

　　中国の外国語学部で4年間勉強した学生は、自分の考え方、紹介、日常事情などを流暢に表現することができるが、特に優秀な学生は卒業した後、すぐに同時通訳及び翻訳という仕事に就けるようになった。

　　学生たちは真剣に勉強するだけではなく、勉強の方法も優れきわめて独特である。朝なら、どこの校内へ行っても、朗々と読書の声が耳に入るし、校内をそぞろ歩き、木の下に立ち、芝生の上に座ったままで読書をしている学生の姿はよく見られる。学生たちは、どんな外国語でも関係なく、みんなが夢中に大きな声で朗読したり、暗記したりしているが、本当にお互いに迷惑をかけているかどうかは、全く気にしないようである。中国へ旅したとき、朝の大学の校内へ見学しに行ったら、面白い光景が見られるはずである。

STEP 8

你家有几口人? あなたの家は何人家族ですか?
Nǐ jiā yǒu jǐ kǒu rén?

基礎表現

CD 28

① 你家有几口人?
　　Nǐ jiā yǒu jǐ kǒu rén?

② 我家有四口人。
　　Wǒ jiā yǒu sì kǒu rén.

③ 你家都有什么人?
　　Nǐ jiā dōu yǒu shénme rén?

④ 你父亲在哪儿工作?
　　Nǐ fùqin zài nǎr gōngzuò?

⑤ 你母亲做什么工作?
　　Nǐ mǔqin zuò shénme gōngzuò?

⑥ 你和家里人一起住吗?
　　Nǐ hé jiālirén yìqǐ zhù ma?

⑦ 你有兄弟姐妹吗?
　　Nǐ yǒu xiōngdì jiěmèi ma?

⑧ 你姐姐工作了吗?
　　Nǐ jiějie gōngzuò le ma?

① あなたの家は何人家族ですか?
② 私の家は四人家族です。
③ あなたの家にはどんな方がいますか?
④ お父さんはどこで仕事をしていますか?
⑤ お母さんはどんな仕事をしていますか?
⑥ あなたは家族と一緒に住んでいますか?
⑦ あなたは兄弟、姉妹がいますか?
⑧ お姉さんは仕事をしていますか?

文法ポイント

●動詞"在"を用いて存在する場所を表します。

例文：我在家。　　　　Wǒ zài jiā.　　　　私は家にいる。

●前置詞"在"は「～で、～に」という場所を表します。前置詞はその目的語と共に前置詞構造を構成し、動詞の前に置いて連用修飾語となります。

例文：我父亲在东京工作。　　　　私の父は東京で働いている。
　　　Wǒ fùqin zài Dōngjīng gōngzuò.

ミニ会話

A：你 家 在 哪儿?
　　Nǐ jiā zài nǎr?

お住まいはどこですか？

B：我 家 在 东京。
　　Wǒ jiā zài Dōngjīng.

私の家は東京にあります。

A：你 家 有 几 口 人?
　　Nǐ jiā yǒu jǐ kǒu rén?

あなたは何人家族ですか？

B：我 家 有 四 口 人， 爸爸，
　　Wǒ jiā yǒu sì kǒu rén, bàba,
　　妈妈， 哥哥 和 我。
　　māma, gēge hé wǒ.

四人家族です。父、母、兄と私です。

A：你 爸爸 在 哪儿 工作?
　　Nǐ bàba zài nǎr gōngzuò?

お父さんはどこで仕事をしていますか？

B：我 爸爸 在 公司 工作。
　　Wǒ bàba zài gōngsī gōngzuò.

父は会社で仕事をしています。

関連語句

爷爷	yéye	おじいさん(父方)	哥哥	gēge	お兄さん
奶奶	nǎinai	おばあさん(父方)	姐姐	jiějie	お姉さん
老爷	lǎoye	おじいさん(母方)	弟弟	dìdi	弟
姥姥	lǎolao	おばあさん(母方)	妹妹	mèimei	妹
爸爸	bàba	お父さん	儿子	érzi	息子
妈妈	māma	お母さん	女儿	nǚ'ér	娘

練習問題 8

1 次の日本語を中国語に訳しなさい。

1）あなたのお母さんは仕事をしていますか？
　　訳：＿＿＿＿＿＿＿＿＿＿＿＿＿＿＿＿＿＿＿＿＿
2）私は家族と一緒に住んでいます。
　　訳：＿＿＿＿＿＿＿＿＿＿＿＿＿＿＿＿＿＿＿＿＿
3）私は明日家にいません。
　　訳：＿＿＿＿＿＿＿＿＿＿＿＿＿＿＿＿＿＿＿＿＿
4）私には妹はいますが、弟はいません。
　　訳：＿＿＿＿＿＿＿＿＿＿＿＿＿＿＿＿＿＿＿＿＿

2 以下の語句を選んで文を完成しなさい。

　　　　有、　　在（動詞）、　　和、　　在（前置詞）

1）姐姐不＿＿＿＿家。
2）我有一个哥哥，一个姐姐＿＿＿＿两个弟弟。
3）今天我想＿＿＿＿家吃饭。
4）铃木家＿＿＿＿五口人。

3 次の質問文を中国語で答えてみましょう。

1）你家有几口人？
　　答：＿＿＿＿＿＿＿＿＿＿＿＿＿＿＿＿＿＿＿＿＿
2）今天你在哪儿吃午饭？
　　答：＿＿＿＿＿＿＿＿＿＿＿＿＿＿＿＿＿＿＿＿＿
3）你现在在哪儿？
　　答：＿＿＿＿＿＿＿＿＿＿＿＿＿＿＿＿＿＿＿＿＿
4）你有妹妹吗？
　　答：＿＿＿＿＿＿＿＿＿＿＿＿＿＿＿＿＿＿＿＿＿

一人っ子政策

　人口の増加を抑制するために、七十年代後半から、中国は一組の夫婦が子供を一人だけ産む一人っ子政策を開始した。この計画出産は20年間行われたが、いまも厳しく行われている。

　都市ではこの政策は比較的に推進しやすい。農村では第二子、第三子を産む人はたくさんいる。第二子、第三子は戸籍に入る資格はなくて、「黒人」と呼ばれている。第二子以上を産んだ罰金としては、いま人民元の１万元前後となっている。

　一人っ子の親は子供を寵愛する傾向が強く、子供たちは「ご飯がくれば、口を開け、服がくれば、手を伸ばす」という生活を送っている。

　子供に親の過重な期待があるので、学校の勉強のほかに更にピアノ、英語、書道、絵、水泳などの習いごとをさせ、それは子供たちの負担になっている。小学生は良い中学校に入るため、いろいろな問題集や本などに没頭する。中・高校生は大学に合格するために遊ぶ時間がなく、持つべき楽しみを失い、健康すら害している。

STEP 9

你 工作 忙 吗?　お仕事は忙しいですか？
Nǐ gōngzuò máng ma?

基礎表現

CD 31

① 你 喜欢 什么 工作?
　　Nǐ xǐhuan shénme gōngzuò?

② 你 想 当 老师 吗?
　　Nǐ xiǎng dāng lǎoshī ma?

③ 我 不 喜欢 这种 工作。
　　Wǒ bù xǐhuan zhèizhǒng gōngzuò.

④ 什么 专业 容易 找 工作?
　　Shénme zhuānyè róngyì zhǎo gōngzuò?

⑤ 现在 不 景气, 找 工作 很 难。
　　Xiànzài bù jǐngqì, zhǎo gōngzuò hěn nán.

⑥ 虽然 当 大夫 赚 钱,
　　Suīrán dāng dàifu zhuàn qián,
　　但是 很 辛苦。
　　dànshì hěn xīnkǔ.

⑦ 我 边 上学, 边 打工。
　　Wǒ biān shàngxué, biān dǎgōng.

⑧ 你 可以 去 海外 工作 吗?
　　Nǐ kěyǐ qù hǎiwài gōngzuò ma?

① あなたはどんな仕事が好きですか？
② あなたは先生になりたいですか？
③ 私はこの仕事が嫌いです。
④ どんな専門を学べば仕事を探しやすいですか？
⑤ 今は不景気なので、仕事を探すのは大変です。
⑥ 医者は収入が良いけれども、大変苦労します。
⑦ 私は学校に行きながら、アルバイトをしています。
⑧ あなたは海外で仕事をすることができますか？

文法ポイント

● 助動詞 "会" は学習や練習などを通じて身につけた能力を表します。

例文：我会游泳。　　Wǒ huì yóuyǒng.　　私は泳げる。

● 助動詞 "能" は能力がありできる事、または客観的条件がそなわってできる事を表します。

例文：我能游一公里。　Wǒ néng yóu yì gōnglǐ.　私は一キロメートル泳ぐことができる。

● 助動詞 "可以" は可能性、許可などの意味を表します。または相手に対して依頼することにも用いて、丁寧な表現になります。

例文：这儿可以照相。　Zhèr kěyǐ zhào xiàng.　ここで写真を撮ってもよろしい。

ミニ会話

A：你 想 做 什么 工作?
　　Nǐ xiǎng zuò shénme gōngzuò?
あなたはどんな仕事をしたいですか?

B：我 想 当 医生，你 呢?
　　Wǒ xiǎng dāng yīshēng, nǐ ne?
私は医者になりたいです、あなたは?

A：我 想 去 美国 工作。
　　Wǒ xiǎng qù Měiguó gōngzuò.
私はアメリカに行って仕事をしたいです。

B：你 会 说 英语 吗?
　　Nǐ huì shuō Yīngyǔ ma?
あなたは英語を話せますか?

A：还 可以 吧。
　　Hái kěyǐ ba.
まあまあですね。

B：希望 你 能 如 愿。
　　Xīwàng nǐ néng rú yuàn.
願いどおりになるといいですね。

関連語句

公司职员	gōngsīzhíyuán	会社員	技术员	jìshùyuán	エンジニア
经　理	jīnglǐ	社長	开公司	kāi gōngsī	会社を経営する
警　察	jǐngchá	警察	学　习	xuéxí	学習する
公务员	gōngwùyuán	公務員	英　语	Yīngyǔ	英語
家庭妇女	jiātíngfùnǚ	主婦	贸　易	màoyì	貿易
律　师	lǜshī	弁護師	抽　烟	chōu yān	タバコを吸う

練習問題 9

1 次の日本語を中国語に訳しなさい。

1）私は公務員になりたい。
　　訳：＿＿＿＿＿＿＿＿＿＿＿＿＿＿＿＿＿＿＿＿＿＿
2）私は英語を勉強しながら、中国語を勉強している。
　　訳：＿＿＿＿＿＿＿＿＿＿＿＿＿＿＿＿＿＿＿＿＿＿
3）私は仕事を探したい。
　　訳：＿＿＿＿＿＿＿＿＿＿＿＿＿＿＿＿＿＿＿＿＿＿
4）私はタバコを吸いたくない。
　　訳：＿＿＿＿＿＿＿＿＿＿＿＿＿＿＿＿＿＿＿＿＿＿

2 以下の語句を選んで文を完成しなさい。

想、　　在、　　可以、　　会

1）这儿不＿＿＿＿抽烟。
2）我＿＿＿＿当医生。
3）他哥哥＿＿＿＿说英语。
4）我哥哥＿＿＿＿贸易公司工作。

3 次の質問文を中国語で答えてみましょう。

1）你想做什么工作？
　　答：＿＿＿＿＿＿＿＿＿＿＿＿＿＿＿＿＿＿＿＿＿＿
2）这儿可以抽烟吗？
　　答：＿＿＿＿＿＿＿＿＿＿＿＿＿＿＿＿＿＿＿＿＿＿
3）你现在打工吗？
　　答：＿＿＿＿＿＿＿＿＿＿＿＿＿＿＿＿＿＿＿＿＿＿
4）你会说英语吗？
　　答：＿＿＿＿＿＿＿＿＿＿＿＿＿＿＿＿＿＿＿＿＿＿

人 情

　中国では共働きの家族が多数を占めている。夫婦関係は比較的平等で、共働き、共同で家事を分担している。中国の男性は家事をする能力がある。買い物したり、食事を作ったり、洗濯と掃除をしたりする。食事を作るのは夫の方が妻より美味しいことは珍しくない。

　中国人の家庭観念は比較的強く、夫婦の間、親子の間には交流が親密で愛情が比較的深い。中国人は友達と交わるのも好きで、友人や隣人との間の関係をとても大切にする。外国人の中には中国人は"魔法瓶のようだ"という人もいます。その意味は、中国人は親切で温かいが感情をあまり外に表さないで欧米人よりかなり内向的である。

　この数年間社会の変化に伴い、人間関係も変わってきたが、中国人は肉親の情や、友情をいまだに重視している。

STEP 10

请 帮帮 忙　手伝ってください
Qǐng bāngbang máng

基礎表現

① 我 汉语 不好，请 写 汉字。
　Wǒ Hànyǔ bù hǎo, qǐng xiě hànzì.

② 请 帮帮 忙。
　Qǐng bāngbang máng.

③ 请 慢 一点儿 说。
　Qǐng màn yìdiǎnr shuō.

④ 请 再 说 一 遍。
　Qǐng zài shuō yí biàn.

⑤ 救 命 啊！
　Jiù mìng a!

⑥ 抓 小偷 啊。
　Zhuā xiǎotōu a!

⑦ 我 的 钱包（护照）丢 了。
　Wǒ de qiánbāo (hùzhào) diū le.

⑧ 我 迷 路 了。
　Wǒ mí lù le.

① 私は中国語がよく分からないので、漢字を書いて下さい。
② 手伝ってください。
③ もう少しゆっくり話してください。
④ もう一度言ってください。
⑤ 助けてください！
⑥ 泥棒を捕まえてください。
⑦ 私の財布（パスポート）を無くしました。
⑧ 私は道に迷いました。

文法ポイント

● 動作の行う順に動詞が連なっている構造の文を連動文と言います。

例文：我 去 吃 饭。　　　Wǒ qù chī fàn.　　　私は食事をしに行く。
　　　他 坐 电车 上班。　Tā zuò diànchē shàngbān.　彼は電車で出勤する。

● 動作や行為を表す動詞を重ねると「ちょっと…する／…をしてみる」と言う意味を表します。

例文：你 看看。　　　　　Nǐ kànkan.　　　　　ちょっと見てください。
　　　我们 休息休息 吧。　Wǒmen xiūxixiūxi ba.　私達、ちょっと休みましょう。

ミニ会話

A：先生, 请 帮帮忙,
Xiānsheng, qǐng bāngbangmáng,
可以 吗?
kěyǐ ma?

すみません、ちょっと手伝ってください、よろしいですか？

B：不 要 客气, 什么 事儿?
Bú yào kèqi, shénme shìr?

遠慮しないで、どんな事でしょうか？

A：请 给 我们 照 个 相,
Qǐng gěi wǒmen zhào ge xiàng,
好 吗?
hǎo ma?

写真を撮ってください、いいですか？

B：没 问题。照 了 啊, 笑
Méi wèntí. Zhào le a, xiào
一 笑, 好！
yi xiào, hǎo!

かまいませんよ。撮りますよ、笑って、はい！

A：谢谢 你。
Xièxie nǐ.

ありがとうございます。

B：不 谢, 再见。
Bú xiè, zàijiàn.

どういたしまして。さようなら。

関連語句

找一找 zhǎoyizhǎo （找找 zhǎozhao）	探してみる	看一看 kànyikàn （看看 kànkan）	ちょっと見る
问一问 wènyiwèn （问问 wènwen）	聞いてみる	试一试 shìyishì （试试 shìshi）	（試みに）みる
听一听 tīngyitīng （听听 tīngting）	聴いてみる	尝一尝 chángyicháng （尝尝 chángchang）	味わう

練習問題 10

1 次の日本語を中国語に訳しなさい。

1）すみませんが、もう少しゆっくり話してください。
　　訳：_____
2）私の財布はなくなりました。
　　訳：_____
3）彼に聞いてください。
　　訳：_____
4）すみませんが、漢字を書いてください。
　　訳：_____

2 以下の語句を選んで文を完成しなさい。

　　　尝尝、　　找找、　　问问、　　看看

1）请给我_____你的护照。
2）我不明白，你_____老师吧。
3）我的钱包丢了，请帮我_____吧。
4）请_____这个菜。

3 次の場合、中国語ではどのように言いますか。

1）泥棒を捕まえて欲しいとき。
　　答：_____
2）道に迷って、人に言うとき。
　　答：_____
3）写真を他人に撮ってくれるよう頼むとき。
　　答：_____
4）命を助けて欲しいとき。
　　答：_____

方言

　中国には大きく分けて、北方方言、呉方言、湘方言、贛方言、客家方言、閩方言、粤方言という七つの方言があります。

　方言によって、言葉の表現が多少違う。または発音の違いだけではなく、使用上でも異なっていることもある。例えば、「馬鈴薯」というものは北方方言では「土豆」と、上海弁では「洋山芋」と、北西方言としては「山薬蛋」と言う。

　このごろ多くのレストランでは、その土地の方言で料理の名前をつけるので、これらの多種多様な料理の名前を見ても中国人でさえ何の料理か分からない。

　例として、「馬鈴薯」が嫌いな一人の広東人が北方にあるレストランで食事をした物語を挙げよう。

　彼は「土豆の炒め」というメニューを見て、よく分からないが注文した。実際持ってきた料理を見ると、自分が嫌いなものだ。仕方がなく別の「洋山芋」という料理、「洋」字をつけてあるから、きっと外国の料理だと思って、これをオーダーした。思いもよらず、持ってきたのはやはり「馬鈴薯」である。面子を大事にするこの御客様は、またメニューを調べると「山薬蛋煮」という料理があるので、料理の名前に「蛋」字があるから、何か卵料理じゃないかと思い早速注文した。結局、同じく「馬鈴薯」料理で、お笑い話であった。

新北京
NEW BEIJING
BEIJING
2008
新奥运
GREAT OLYMPICS
绿色奥运 人文奥运 科技奥运

新北京 新奥运
NEW BEIJING GREAT OLYMPICS
BEIJING 2008
Candidate City

第2章

旅行会话

旅 行 会 話

STEP 11

机场　空港
Jīchǎng

基礎表現

① 我 想 办 一下儿 登机 手续。
　 Wǒ xiǎng bàn yíxiàr dēngjī shǒuxù.

② 我 托运 两 件 行李。
　 Wǒ tuōyùn liǎng jiàn xíngli.

③ 我 想 要 靠 窗户 的 座位。
　 Wǒ xiǎng yào kào chuānghu de zuòwèi.

④ 请 给 我 一 杯 橘子水。
　 Qǐng gěi wǒ yì bēi júzishuǐ.

⑤ 我 不要 鱼， 要 牛排。
　 Wǒ bú yào yú, yào niúpái.

⑥ 我 想 要 一 条 毛毯。
　 Wǒ xiǎng yào yì tiáo máotǎn.

⑦ 今天 飞机 按时 到 吗?
　 Jīntiān fēijī ànshí dào ma?

⑧ 我 有点儿 头 晕， 有
　 Wǒ yǒudiǎnr tóu yūn, yǒu
　 什么 药 吗?
　 shénme yào ma?

① 私は搭乗手続きをしたいです。
② 荷物を二つ託送します。
③ 窓際の席をお願いします。
④ オレンジジュースを一杯ください。
⑤ 魚はいりません、ビーフをください。
⑥ 毛布を一枚ください。
⑦ 今日の便は時間どおりに到着しますか？
⑧ 少しめまいがします、何か薬はありますか？

文法ポイント

● 動詞、動詞句、あるいは主述構造の後に "的" を用いて修飾語になります。

例文： 喝 茶 的 人　　　hē chá de rén　　　お茶を飲む人
　　　 我 买 的 衣服　　wǒ mǎi de yīfu　　　私が買った洋服

● "给" は動詞として「与える」という意味で使われます。また、前置詞 "给" は「誰々に」と言う意味で使うこともあります。

例文： 我 给 她 玫瑰花。　Wǒ gěi tā méiguīhuā.　私は彼女にバラの花をあげる。
　　　 我 给 她 打 电话。　Wǒ gěi tā dǎ diànhuà.　私は彼女に電話をかける。

ミニ会話

A：请给我看一下儿你的
　　Qǐng gěi wǒ kàn yíxiàr nǐ de
　　护照。有什么要申报
　　hùzhào. Yǒu shénme yào shēnbào
　　的吗?
　　de ma?

パスポートを見せてください。何か申告するものはありますか？

B：我的电脑要申报吗?
　　Wǒ de diànnǎo yào shēnbào ma?

私のパソコンは申告する必要がありますか？

A：你自己用的话，不用。
　　Nǐ zìjǐ yòng de huà, búyòng.

私用なら、申告する必要はありません。

B：那么，没有。
　　Nàme, méiyǒu.

では、申告する物はありません。

A：好了，祝你旅行愉快!
　　Hǎo le, zhù nǐ lǚxíng yúkuài!

わかりました。楽しいご旅行を！

B：请问，去市内坐什么
　　Qǐngwèn, qù shìnèi zuò shénme
　　车?
　　chē?

すみません、市内に行くにはどの車に乗れば良いですか？

A：门口有计程车和民航
　　Ménkǒu yǒu jìchéngchē hé mínháng
　　班车。
　　bānchē.

入り口にタクシーと空港のリムジンバスがあります。

B：谢谢你了。
　　Xièxie nǐ le.

ありがとうございます。

関連語句

飞机场 fēijīchǎng 空港		安全带 ānquándài 安全ベルト	
登机牌 dēngjīpái （飛行機の）搭乗券		矿泉水 kuàngquánshuǐ ミネラル・ウォーター	
免税店 miǎnshuìdiàn 免税店		红茶 hóngchá 紅茶	
海关 hǎiguān 税関		啤酒 píjiǔ ビール	
空中小姐 kōngzhōngxiǎojie スチュワーデス		班机 bānjī （飛行機の）定期便	

練習問題 11

1 次の日本語を中国語に訳しなさい。

1）搭乗手続きはどこでしますか？
　　訳：＿＿＿＿＿＿＿＿＿＿＿＿＿＿＿＿＿＿＿＿＿＿
2）私に魚料理をください。
　　訳：＿＿＿＿＿＿＿＿＿＿＿＿＿＿＿＿＿＿＿＿＿＿
3）すみません、ミネラル・ウォーターをください。
　　訳：＿＿＿＿＿＿＿＿＿＿＿＿＿＿＿＿＿＿＿＿＿＿
4）私用のパソコンは申告する必要はありますか？
　　訳：＿＿＿＿＿＿＿＿＿＿＿＿＿＿＿＿＿＿＿＿＿＿

2 以下の語句を選んで文を完成しなさい。

　　要、　　的、　　给、　　办

1）我想＿＿＿＿＿＿一下儿登机手续。
2）请问，有什么喝＿＿＿＿＿＿吗？
3）我＿＿＿＿＿＿一瓶红葡萄酒。
4）请＿＿＿＿＿＿我一条毛毯。

3 以下の場合を想定して、次の質問文を中国語で答えてみましょう。

1）你有申报的东西吗？
　　答：＿＿＿＿＿＿＿＿＿＿＿＿＿＿＿＿＿＿＿＿＿＿
2）请问，你有几件托运行李？
　　答：＿＿＿＿＿＿＿＿＿＿＿＿＿＿＿＿＿＿＿＿＿＿
3）有计程车和民航班车，你想坐什么？
　　答：＿＿＿＿＿＿＿＿＿＿＿＿＿＿＿＿＿＿＿＿＿＿
4）有鱼和牛排，你想要什么？
　　答：＿＿＿＿＿＿＿＿＿＿＿＿＿＿＿＿＿＿＿＿＿＿

北京（一）历史

　　北京は中華人民共和国の首都である。面積は16808平方メートル、日本の四国とほぼ同じ広さの10区8県に、約1100万人が暮らしている。

　　北京の歴史を辿れば、50万年前の北京原人のころに遡る。気の遠くなるような時が流れて、北京が歴史の舞台に再登場するのは、紀元前11世紀、"薊"の花が咲くとして栄えた燕の国の首都"薊城"である。10世紀には北方の契丹族の遼が"薊城"の後を"南京"と定めた。"燕京"とも呼んだ。12世紀には金の首都"中都"となり、13世紀の末には蒙古の南下により"大都"となる。明代になり大都は破壊され、1403年、明の三代皇帝となった永楽帝は南京から遷都して、"北京"と改称。現在の"故宮"が完成した。明を滅ぼした清もこれを引き継ぐ。その後、1949年10月1日、毛沢東中国共産党主席が、天安門上に五星紅旗を揚げ「中華人民共和国」の成立を宣言したときから、北京は現代中国の首都となった。

STEP 12

饭店（1） ホテル（1）
Fàndiàn　　yī

基礎表現

① 我 想 预订 两 个 房间。
　 Wǒ xiǎng yùdìng liǎng ge fángjiān.

② 我 想 办 一下儿 住 房 手续。
　 Wǒ xiǎng bàn yíxiàr zhù fáng shǒuxù.

③ 双 人 房间 一天 多少 钱?
　 Shuāng rén fángjiān yìtiān duōshao qián?

④ 有 没有 再 便宜 一点儿 的 房间?
　 Yǒu méiyǒu zài piányi yìdiǎnr de fángjiān?

⑤ 规定 几 点 退房?
　 Guīdìng jǐ diǎn tuìfáng?

⑥ 有 没有 免费 的 市内 旅游 地图?
　 Yǒu méiyǒu miǎnfèi de shìnèi lǚyóu dìtú?

⑦ 我 想 干洗 衣服，明天 能 洗好 吗?
　 Wǒ xiǎng gānxǐ yīfu, míngtiān néng xǐhǎo ma?

⑧ 请 明天 早上 六 点 叫醒 我。
　 Qǐng míngtiān zǎoshang liù diǎn jiàoxǐng wǒ.

① 私はふた部屋予約したいです。
② 私は宿泊の手続きをしたいです。
③ ツインルームは一日いくらですか？
④ もう少し安い部屋はありますか？
⑤ チェックアウトは何時ですか？
⑥ 無料の市内観光地図はありますか？
⑦ 私はドライクリーニングをしたいのですが、明日までにできますか？
⑧ 明日の朝六時にモーニングコールをお願いします。

文法ポイント

●結果補語は動作の結果生じた事態を表します。形容詞と一部の動詞が結果補語として使われます。否定形は"没"また"没有"を使います。

例文： 我 听懂 了。　　　　Wǒ tīngdǒng le.　　　　私は聞いて分かった。
　　　 我 没 听懂。　　　　Wǒ méi tīngdǒng.　　　　私は聞いて分からない。

ミニ会話

A：请问，有 房间 吗?
　　Qǐng wèn, yǒu fángjiān ma?

B：有，您 要 单人 房间
　　Yǒu, nín yào dānrén fángjiān
　　还是 双人 房间?
　　háishi shuāngrén fángjiān?

A：我 要 一 个 单人 房间。
　　Wǒ yào yí ge dānrén fángjiān.

B：三百五十 元 一天。
　　Sānbǎiwǔshí yuán yìtiān.

A：好。我 住 两天。
　　Hǎo. Wǒ zhù liǎngtiān.

B：请 填 一下儿 这 张 表。
　　Qǐng tián yíxiàr zhèi zhāng biǎo.

A：后天 下午 退房 可以 吗?
　　Hòutiān xiàwǔ tuìfáng kěyǐ ma?

B：对不起，退房 时间 是 12
　　Duìbuqǐ, tuìfáng shíjiān shì shí'èr
　　点 以前。
　　diǎn yǐqián.

A：明白 了。填完了，可以 吗?
　　Míngbai le. Tiánwán le, kěyǐ ma?

B：可以，祝 您 在 此 度过
　　kěyǐ, zhù nín zài cǐ dùguò
　　愉快 的 时光。
　　yúkuài de shíguāng.

すみません、部屋はありますか？

あります。シングルルームですか、それともツインルームですか？

シングルルームをお願いします。

一日三百五十元です。

わかりました。二日間宿泊します。

この表に記入してください。

明後日の午後にチェックアウトしても良いですか？

申し訳ございません、チェックアウトの時間は昼の十二時までです。

わかりました。書き終わりました、いいですか？

はい、結構です。どうぞゆっくりお過ごしください。

関連語句

服务员 fúwùyuán	ホテルやレストランの従業員、店員	
总 台 zǒngtái	ホテルのフロント	
钥 匙 yàoshi	カギ	
卡拉OK kǎlāOK	カラオケ	
桑拿室 sāngnáshì	サウナ室	
理发室 lǐfàshì	理髪店	
写 好 xiěhǎo	書き終わる	
看 完 kànwán	読み終わる	
听 懂 tīngdǒng	（聴いて）わかる	
找 到 zhǎodào	さがしみつかる	

練習問題 12

1 次の日本語を中国語に訳しなさい。

1) すみませんが、サウナはありますか？
   訳：＿＿＿＿＿＿＿＿＿＿＿＿＿＿＿＿＿＿＿＿＿
2) もう少し安いシングルの部屋はありますか？
   訳：＿＿＿＿＿＿＿＿＿＿＿＿＿＿＿＿＿＿＿＿＿
3) 私は一週間泊まりたいです。
   訳：＿＿＿＿＿＿＿＿＿＿＿＿＿＿＿＿＿＿＿＿＿
4) 私はホテルで小林さんと会いました。
   訳：＿＿＿＿＿＿＿＿＿＿＿＿＿＿＿＿＿＿＿＿＿

2 以下の語句を選んで文を完成しなさい。

　　写好、　　看完、　　听懂、　　见到

1) 这本书我还没＿＿＿＿＿＿＿。
2) ＿＿＿＿＿＿＿你，我很高兴。
3) 对不起，我没＿＿＿＿＿＿＿，请你再说一遍。
4) 我＿＿＿＿＿＿＿了，可以吗?

3 以下の場合を想定して、次の質問文を中国語で答えてみましょう。

1) 请给我看一下儿你的护照，好吗？
   答：＿＿＿＿＿＿＿＿＿＿＿＿＿＿＿＿＿＿＿＿＿
2) 您要单人房间还是双人房间？
   答：＿＿＿＿＿＿＿＿＿＿＿＿＿＿＿＿＿＿＿＿＿
3) 三百五十块一天的单人房，可以吗？
   答：＿＿＿＿＿＿＿＿＿＿＿＿＿＿＿＿＿＿＿＿＿
4) 请问，您要住几天？
   答：＿＿＿＿＿＿＿＿＿＿＿＿＿＿＿＿＿＿＿＿＿

北京（二）旅行

　はるか悠久の歴史を持つ中国の首都北京は、数々の壮麗な文化財産を残す、巨大な歴史博物館といえる。そこに国際都市として変貌をとげる現代の顔が渾然一体となり、多彩な魅力で訪ねる人を魅了する。北京市内には栄華盛衰を物語る故宮を中心に、広大な天安門広場、荘厳な祭壇・天壇、歴代皇帝の離宮・頤和園、そして西北の郊外には世界最大の建物・万里の長城、巨大な墓群・明の十三陵など歴史的文化遺産が点在する。

　特にこの数年来、北京の発展はめざましい。最新機能完備のビルやホテルが次々と建ち並ぶ市街は活気に満ち、王府井、西単、大柵欄などの繁華街、骨董街の琉璃廠、といずれも最良のショッピング・スポットだ。迷路のような胡同の中の"四合院"に入れば、庶民の暮らしが見られる。更に、2008年に北京でオリンピックが開催されることが決まった。北京こそは、最も古くて新しい世界の大都市である。

STEP 13

饭店（2）　ホテル（2）
Fàndiàn　èr

基礎表現

① 我 想 要 开水。
　　Wǒ xiǎng yào kāishuǐ.

② 请问, 餐厅 在 几 楼?
　　Qǐng wèn, cāntīng zài jǐ lóu?

③ 在 房间里 可以 打 国-
　　Zài fángjiānli kěyǐ dǎ guó-
　　际 电话 吗?
　　jì diànhuà ma?

④ 有 没有 日文 报?
　　Yǒu méiyǒu Rìwén bào?

⑤ 房间 的 空调 好像 坏
　　Fángjiān de kōngtiáo hǎoxiàng huài
　　了。
　　le.

⑥ 洗澡 的 热水 没有 了。
　　Xǐzǎo de rèshuǐ méiyǒu le.

⑦ 有 没有 贵重 物品 存-
　　Yǒu méiyǒu guìzhòng wùpǐn cún-
　　放处?
　　fàngchù?

⑧ 看 电视 要 收费 吗?
　　Kàn diànshì yào shōu fèi ma?

① お湯が欲しいです。
② すみません、レストランは何階ですか？
③ 部屋の中で国際電話をかけられますか？
④ 日本の新聞はありますか？
⑤ 部屋のエアコンが壊れたようです。
⑥ お風呂のお湯が出なくなりました。
⑦ 貴重品預かり所はありますか？
⑧ テレビは有料ですか？

文法ポイント

● 副詞の "正" "在" "正在"、または助詞 "呢" を用いて動作の進行を表します。"正" "在" "正在" と文末の "呢" はしばしば併用します。

例文： 他 在 看 电视 呢。　Tā zài kàn diànshì ne.　　彼はテレビを見ている。
　　　　他 正在 吃 饭 呢。　Tā zhèngzài chī fàn ne.　　彼は食事をしている。

ミニ会話

A：喂，我 正 洗澡 呢，
　　Wéi, wǒ zhèng xǐzǎo ne,
　　突然 没有 热水 了。
　　tūrán méiyǒu rèshuǐ le.

もしもし、お風呂に入っている最中に、突然お湯が出なくなりました。

B：对不起，锅炉 出现 了
　　Duìbuqǐ, guōlú chūxiàn le
　　故障， 正在 修理。
　　gùzhàng, zhèngzài xiūlǐ.

申し訳ございません、ボイラーが故障して、ただいま修理中です。

A：大概 需要 多 长 时间？
　　Dàgài xūyào duō cháng shíjiān?

大体どれぐらい時間がかかりますか？

B：十分 钟 左右，请 稍
　　Shí fēn zhōng zuǒyòu, qǐng shāo
　　等。
　　děng.

十分ぐらいだと思います、しばらくお待ちください。

A：另外，我 明天 要 早起，
　　Lìngwài, wǒ míngtiān yào zǎo qǐ,
　　可以 叫 我 一下儿 吗？
　　kěyǐ jiào wǒ yíxiàr ma?

それから、私は明日早く起きますが、モーニングコールをお願いできますか？

B：请 打 总台，总台 有 叫-
　　Qǐng dǎ zǒngtái, zǒngtái yǒu jiào-
　　醒 服务。
　　xǐng fúwù.

フロントに電話してください、そちらにモーニングコールのサービスがあります。

A：总台 的 电话 号码 前
　　Zǒngtái de diànhuà hàomǎ qián
　　要 加 零 吗？
　　yào jiā líng ma?

フロントの電話番号の前にゼロを付けますか？

B：不 用 加 零，请 直接
　　Bú yòng jiā líng, qǐng zhíjiē
　　拨 总台 号码。
　　bō zǒngtái hàomǎ.

ゼロを付ける必要はありません、直接フロントの電話番号をまわしてください。

関連語句

被子	bèizi	掛け布団	茶叶	cháyè	お茶
床单	chuángdān	シーツ	门	mén	ドア
毛巾	máojīn	タオル	窗户	chuānghu	窓
杯子	bēizi	コップ	床	chuáng	ベッド
吹风机	chuīfēngjī	ドライヤー	打扫	dǎsǎo	掃除する

練習問題 13

1 次の日本語を中国語に訳しなさい。

1）彼は国際電話をかけている。
　　訳：_____

2）ドライヤーが壊れていた。
　　訳：_____

3）日本料理店は何階ですか？
　　訳：_____

4）大体三十分間ぐらいかかります。
　　訳：_____

2 以下の語句を選んで文を完成しなさい。

可以、　　正在、　　好像、　　左右

1）她去了十分钟_____。
2）他们_____看电视。
3）他_____是日本人。
4）这儿不_____打国际电话。

3 次の場合、中国語ではどのように言いますか。

1）お茶がほしいとき。
　　答：_____

2）部屋のエアコンが壊れたとき。
　　答：_____

3）中華レストランは何階にあるかを尋ねるとき。
　　答：_____

4）明日の朝五時にモーニングコールをお願いしたいとき。
　　答：_____

北京（三）名菜

　　北京料理は山東料理を中心に北方民族料理や宮廷料理の影響を受けながら発達してきた。豚や羊、牛、鶏などの肉を多用するのが特徴で、味は塩辛い。最も有名なのはアヒルを丸焼きにした北京ダック、モンゴル伝来の烤羊肉（シシカバブ）や涮羊肉（マトンのしゃぶしゃぶ）、そして、明・清代に培われた宮廷料理。

　　世界に知られる北京ダックは丸々太ったアヒルの皮に水アメを塗り、風干しにしてから炉で焼き、こんがり焼いた皮を取って、細切りネギと甘味噌（甜麺醤）をのせて薄餅（麦粉で焼いた薄皮）に包んで食べる。パリパリと香ばしい皮と甘味噌が絶妙な風味を生み、絶品だ。その歴史ある名店としてしられるのが全聚徳烤鴨店である。

STEP 14

换钱　両替
Huànqián

基礎表現

① 我 想 换点儿 人民币。
　 Wǒ xiǎng huàn diǎnr rénmínbì.

② 今天 的 日元 比价 是 多少?
　 Jīntiān de Rìyuán bǐjià shì duōshao?

③ 可以 用 旅行 支票 吗?
　 Kěyǐ yòng lǚxíng zhīpiào ma?

④ 可以 用 日元 结帐 吗?
　 Kěyǐ yòng Rìyuán jiézhàng ma?

⑤ 可以 用 信用卡 吗?
　 Kěyǐ yòng xìnyòngkǎ ma?

⑥ 请问, 银行 几点 开门? 几点 关门?
　 Qǐng wèn, yínháng jǐ diǎn kāimén? Jǐ diǎn guānmén?

⑦ 请 填 一下儿 兑换单。
　 Qǐng tián yíxiàr duìhuàndān.

⑧ 请 你 给 我 换 点儿 零钱。
　 Qǐng nǐ gěi wǒ huàn diǎnr língqián.

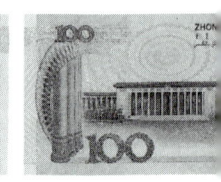

新 100 元 （块）
xīn yìbǎi yuán kuài

新 20 元 （块）
xīn èrshí yuán kuài

① 人民元の両替をしたいです。
② 今日の日本円のレートはいくらですか?
③ トラベラーズ・チェックを使えますか?
④ 日本円で精算できますか?
⑤ クレジットカードを使えますか?
⑥ すみません、銀行は何時に営業開始ですか?何時に終了ですか?
⑦ この両替用紙に記入してください。
⑧ 小銭にくずしてください。

文法ポイント

●動詞の後に置き、その動作の方向を補足する語を方向補語と言います。方向補語でよく使われるものには"来""去"という単純方向補語と、"上来""下去"と言う複合方向補語があります。また、方向補語は具体的な方向を表さない場合もあるので、一つの単語として覚えましょう。

例文：他 拿来 了。　　　Tā nálai le.　　　彼は持って来た。
　　　他 走上来 了。　　Tā zǒushanglai le.　彼は歩いて上がって来た。

ミニ会話

A： 今天 的 日元 兑换率 是 多少?
Jīntiān de Rìyuán duìhuànlǜ shì duōshao?

今日の日本円のレートはいくらですか？

B： 一万 日元 换 六百五十 元 人民币。
Yíwàn Rìyuán huàn liùbǎiwǔshí yuán Rénmínbì.

一万円は六百五十元に両替します。

A： 我 换 三万 日元。
Wǒ huàn sānwàn Rìyuán.

三万円を両替します。

B： 这 是 您 的 兑换单。
Zhè shì nín de duìhuàndān.

これは両替用紙です。

A： 如果 没 用完 的话, 可以 换 回来 吗?
Rúguǒ méi yòngwán dehuà, kěyǐ huàn huilai ma?

もし使い切れなかったら、日本円に換えられますか？

B： 您 在 机场 可以 凭 这 张 兑换单 换回 日元。
Nín zài jīchǎng kěyǐ píng zhèi zhāng duìhuàndān huànhuí Rìyuán.

空港でこの両替用紙に基づいて日本円に換えられます。

A： 能 不能 多 给 我 几张 十 块 的?
Néng bunéng duō gěi wǒ jǐzhāng shí kuài de?

十元の紙幣をもう少しもらえますか？

B： 没 问题, 请 点一点。
Méi wèntí, qǐng diǎnyidiǎn.

わかりました、どうぞ確認してください。

関連語句

进 来	jìnlai	（中へ）入ってくる	美 元 Měiyuán	アメリカドル
出 去	chūqu	（外へ）出て行く	欧 元 Ōuyuán	ユーロ
拿起来	náqilai	持ちあげる	手续费 shǒuxùfèi	手続料金
放下去	fàngxiaqu	下に置く		

人民币 書き言葉：元 yuán 角 jiǎo 分 fēn 話し言葉：块 kuài 毛 máo 分 fēn

練習問題 14

1 次の日本語を中国語に訳しなさい。

1）ここで日本円で精算することができます。
　　訳：_____
2）彼が入って行きました。
　　訳：_____
3）私は千アメリカドルを両替したいです。
　　訳：_____
4）銀行は十時から営業開始です。
　　訳：_____

2 以下の語句を選んで文を完成しなさい。

　　　填、　　回来、　　如果、　　用完

1）他拿_____了中国茶。
2）请_____一下儿名字。
3）_____用信用卡也可以。
4）我的日元_____了。

3 以下の場合を想定して、次の質問文を中国語で答えてみましょう。

1）你想换多少日元?
　　答：_____
2）你有信用卡吗?
　　答：_____
3）现在日元和人民币的比价是多少?
　　答：_____
4）没有用完的人民币可以换回日元吗?
　　答：_____

上海（一）历史

　　上海は北京と並ぶ中国最大の都市で、長江下流のデルタ地帯に位置し、中国における商業、貿易、工業、金融の中心地である。

　　上海の面積は6340平方メートル、人口約1400万人、その内800万人が市街区に集中している。宋代に貿易港として発展するまでは、上海は長江支流の黄浦江に臨む小さな魚村であった。アヘン戦争後の1842年、列強諸国の租界地となり、エキゾチックだが悪のはびこる街へと変貌した。1949年、中国共産党によって解放され、健全な中国第二の都市として生まれ変わったがいまなお、街の随所にその歴史を刻み、複雑で魅力的な顔を持っている。

STEP 15

早餐　朝食
Zǎocān

基礎表現

① 请问, 几点 吃 早餐?
　 Qǐng wèn, jǐdiǎn chī zǎocān?

② 早餐 从 六点 三十 分 到
　 Zǎocān cóng liùdiǎn sānshí fēn dào
　 九点 三十 分。
　 jiǔdiǎn sānshí fēn.

③ 早餐 都 有 什么?
　 Zǎocān dōu yǒu shénme?

④ 请问, 有 酱汤 吗?
　 Qǐng wèn, yǒu jiàngtāng ma?

⑤ 请问, 有 日式 早餐 吗?
　 Qǐng wèn, yǒu Rìshì zǎocān ma?

⑥ 请问, 早餐 有 自助 餐
　 Qǐng wèn, zǎocān yǒu zìzhù cān
　 吗?
　 ma?

⑦ 可以 在 房间里 用 早-
　 Kěyǐ zài fángjiānli yòng zǎo-
　 餐 吗?
　 cān ma?

⑧ 请问, 饭店 附近 有
　 Qǐng wèn, fàndiàn fùjìn yǒu
　 没有 饭馆儿?
　 méiyǒu fànguǎnr?

① すみません、何時に朝食を食べますか？
② 朝食は六時半から九時半までです。
③ 朝食は何ですか？
④ すみません、味噌汁はありますか？
⑤ すみません、日本式の朝食はありますか？
⑥ すみません、朝食にバイキング式はありますか？
⑦ 部屋で朝食をとることができますか？
⑧ すみません、ホテルの近くにレストランはありますか？

文法ポイント

● "哪儿"「どこ」、"什么时候"「いつ」、"怎么"「どのように」などの意味を表す疑問詞も修飾語として動詞の前に置きます。中国語の疑問詞を持つ疑問文は日本語に似ています。英語のように文頭に置く必要はありません。

例文： 她 去 哪儿 吃 饭?　　Tā qù nǎr chī fàn?　　彼はどこへ食事をしに行きますか？
　　　 她 什么时候 来?　　　Tā shénmeshíhou lái?　彼女はいつ来ますか？
　　　 你 怎么 去?　　　　　Nǐ zěnme qù?　　　　あなたはどのように行きますか？

ミニ会話

CD 50

A：请问，餐厅在几楼?
　　Qǐng wèn, cāntīng zài jǐ lóu?
B：中餐厅在一楼，西餐厅在二楼。
　　Zhōngcāntīng zài yī lóu, xīcāntīng zài èr lóu.

すみません、レストランは何階ですか？

中華レストランは一階です、西洋レストランは二階です。

A：这儿的中餐厅怎么样？
　　Zhèr de zhōngcāntīng zěnmeyàng?

ここの中華レストランはいかがですか？

B：很好。川菜很有名。
　　Hěn hǎo. Chuāncài hěn yǒumíng.

おいしいです。四川料理はとても有名です。

A：这个饭店附近有没有饭馆?
　　Zhèige fàndiàn fùjìn yǒu méiyǒu fànguǎnr?

このホテルの近くにレストランはありますか？

B：出了门往右拐，有一家小吃店。
　　Chūle mén wǎng yòu guǎi, yǒu yì jiā xiǎochīdiàn.

入り口を出て右に曲がると、軽食の店があります。

A：味道怎么样？
　　Wèidao zěnmeyàng?

味はどうですか？

B：那儿的东西又好吃，又便宜。
　　Nàr de dōngxi yòu hǎochī, yòu piányi.

あそこの料理は美味しくて、安いです。

CD 51

関連語句

咖啡	kāfēi	コーヒー	油条 yóutiáo	こねた小麦粉の生地を棒状にして揚げた中国風揚げパン
牛奶	niúnǎi	牛乳		
豆浆	dòujiāng	豆乳	烧饼 shāobing	こねた小麦粉の生地を伸ばし丸形にして、ゴマを表面につけて焼いたもの
豆腐脑儿 dòufunǎor		にがりを入れていないやわらかい豆腐を肉いり等のあんかけにしたもの		
			面包 miànbāo	パン
粥	zhōu	かゆ	豆包 dòubāo	あんまん

練習問題 15

1 次の日本語を中国語に訳しなさい。

1）朝食は何時ですか？
　　訳：＿＿＿＿＿＿＿＿＿＿＿＿＿＿＿＿＿＿＿＿＿＿
2）すみません、コーヒーはありますか？
　　訳：＿＿＿＿＿＿＿＿＿＿＿＿＿＿＿＿＿＿＿＿＿＿
3）朝食は含まれていません。
　　訳：＿＿＿＿＿＿＿＿＿＿＿＿＿＿＿＿＿＿＿＿＿＿
4）朝食にバイキング式はありません。
　　訳：＿＿＿＿＿＿＿＿＿＿＿＿＿＿＿＿＿＿＿＿＿＿

2 以下の語句を選んで文を完成しなさい。

　　　什么、　　哪儿、　　怎么样、　　几

1）这儿有＿＿＿＿个中餐厅？
2）你明天去＿＿＿＿？
3）这个菜＿＿＿＿？
4）请问，这儿有＿＿＿＿菜？

3 以下の場合を想定して、次の質問文を中国語で答えてみましょう。

1）你早餐喜欢吃什么？
　　答：＿＿＿＿＿＿＿＿＿＿＿＿＿＿＿＿＿＿＿＿＿＿
2）你家的附近有饭馆吗？
　　答：＿＿＿＿＿＿＿＿＿＿＿＿＿＿＿＿＿＿＿＿＿＿
3）早餐时你喜欢喝咖啡吗？
　　答：＿＿＿＿＿＿＿＿＿＿＿＿＿＿＿＿＿＿＿＿＿＿
4）中国菜的味道怎么样？
　　答：＿＿＿＿＿＿＿＿＿＿＿＿＿＿＿＿＿＿＿＿＿＿

上海（二）旅行

　　北京は東京に、上海は大阪に例えられることが多いが、市内の観光各所の筆頭は、豫園、豫園商城、外灘、都心を東西に貫く南京路と淮海路、そのほか様々な文化施設や寺などがあちこちに散在している。

　　上海へ来たら、何はともあれ豫園に足を運びたい。豫園は、明代に営造された江南を代表する美しい中国庭園で、２万平方メートルの園内には三穂堂、仰山堂、九獅軒、点春堂、会景楼、玉華堂などの建物や池が点在している。園内の一角には、内園と呼ばれる清代の庭園もある。さらに奇岩の中に何匹もの動物の形が隠れていたり、木の根でできた机や椅子など、珍しいものが多い。豫園を見学し終えたあと、豫園の前に出てみれば、豫園商城の活気がみなぎっている。小さい店がひしめきあい、味あり、特産品ありで、みやげを探すのに最適。見る、買う、味わうという観光の楽しさがそろっている。このほかに外灘にはそれぞれ風格の異なる50棟余りのクラシックな建築が建ち並んでいる。また、改革以来、世界各業界が集まる近代化都市の浦東の象徴と言われるテレビ塔の東方明珠塔など、夜は夜景がとても綺麗である。

STEP 16

问路　道を尋ねる
Wènlù

基礎表現

① 请问，去 天安门 怎么 走？
　Qǐng wèn, qù Tiān'ānmén zěnme zǒu?

② 去 王府井 坐 几 路 车？
　Qù Wángfǔjǐng zuò jǐ lù chē?

③ 从 饭店 到 百货大楼 远 吗？
　Cóng fàndiàn dào Bǎihuòdàlóu yuǎn ma?

④ 要 走 多长 时间？
　Yào zǒu duōcháng shíjiān?

⑤ 厕所 在 哪儿？
　Cèsuǒ zài nǎr?

⑥ 走 一百 米 左右，路 左边 就 是。
　Zǒu yìbǎi mǐ zuǒyòu, lù zuǒ biānr jiù shì.

⑦ 从 这儿 一直 往 前 走，见 红绿灯 往 左 拐。
　Cóng zhèr yìzhí wǎng qián zǒu, jiàn hónglǜdēng wǎng zuǒ guǎi.

⑧ 到 十字路口 往 右 拐 就 是。
　Dào shízìlùkǒu wǎng yòu guǎi jiù shì.

① すみません、天安門へはどう行けばいいですか？
② 王府井まで何番のバスに乗ればいいですか？
③ ホテルから百貨大楼まで遠いですか？
④ どのぐらいの時間歩きますか？
⑤ トイレはどこですか？
⑥ 百メートルぐらい歩いて、道路の左側です。
⑦ ここから、まっすぐ前進して、信号が見えたら左に曲がってください。
⑧ 交差点まで行って、右に曲がったところです。

文法ポイント

● "着"は動詞の後に用いて、動作の持続や状態を表します。動作の進行を表す"在"と状態の持続を表す"着"を区別して覚えましょう。

例文：他 穿着 毛衣。　Tā chuānzhe máoyī.　彼はセーターを着ています。
　　　墙上 挂着 一 张 画。Qiángshang guàzhe yì zhāng huà. 壁に絵が一枚かかっている。

ミニ会話

A：去 天安门 远 吗？
Qù Tiān'ānmén yuǎn ma?

天安門までは遠いですか？

B：不 太 远。您 打算 怎么 去？
Bú tài yuǎn. Nín dǎsuan zěnme qù?

あまり遠くないです。どうやって行くつもりですか？

A：走 着 去 可以 吗？
Zǒu zhe qù kěyǐ ma?

歩いていけますか？

B：我 看 还是 坐 车 去 方便。
Wǒ kàn háishi zuò chē qù fāngbiàn.

やはり車のほうが便利だと思います。

A：坐 什么 车？
Zuò shénme chē?

どんな車ですか？

B：打的 或者 坐 1 路 汽车。
Dǎdí huòzhě zuò yī lù qìchē.

タクシーか、あるいは1番線のバスがいいと思います。

A：1 路 车站 在 哪儿？
Yī lù chēzhàn zài nǎr?

1番線のバス停はどこですか？

B：一直 往 前 走, 到 十字路口 往 右 拐 就 是。
Yìzhí wǎng qián zǒu, dào shízìlùkǒu wǎng yòu guǎi jiù shì.

まっすぐ行って、交差点を右に曲がったところです。

関連語句

朝	cháo	～の方へ	坐	zuò	乗る
丁字路口	dīngzìlùkǒu	T字路	骑	qí	跨って乗る
天桥	tiānqiáo	歩道橋	开	kāi	運転する

練習問題 16

1 次の日本語を中国語に訳しなさい。

1）すみません、駅までは遠いですか？
訳：＿＿＿＿＿＿＿＿＿＿＿＿＿＿＿＿＿＿＿＿＿＿＿

2）すみません、北京飯店へはどう行けばいいですか？
訳：＿＿＿＿＿＿＿＿＿＿＿＿＿＿＿＿＿＿＿＿＿＿＿

3）3番線のバス停はどこにありますか？
訳：＿＿＿＿＿＿＿＿＿＿＿＿＿＿＿＿＿＿＿＿＿＿＿

4）歩いて行くのは遠いですか？
訳：＿＿＿＿＿＿＿＿＿＿＿＿＿＿＿＿＿＿＿＿＿＿＿

2 以下の語句を選んで文を完成しなさい。

> 从…到、　在、　往、　拐

1）从那儿＿＿＿＿＿＿＿左拐。
2）请问，厕所＿＿＿＿＿＿＿哪儿?
3）＿＿＿＿＿＿＿这儿＿＿＿＿＿＿＿车站远吗?
4）到了十字路口朝右＿＿＿＿＿＿＿。

3 次の場合、中国語ではどのように言いますか。

1）銀行までの道のりを聞く。
答：＿＿＿＿＿＿＿＿＿＿＿＿＿＿＿＿＿＿＿＿＿＿＿

2）ここからホテルまでの所要時間を聞く。
答：＿＿＿＿＿＿＿＿＿＿＿＿＿＿＿＿＿＿＿＿＿＿＿

3）レストランの場所を聞く。
答：＿＿＿＿＿＿＿＿＿＿＿＿＿＿＿＿＿＿＿＿＿＿＿

4）バス停の場所を聞く。
答：＿＿＿＿＿＿＿＿＿＿＿＿＿＿＿＿＿＿＿＿＿＿＿

蘇州と杭州

　　蘇州と杭州、この二つの古都は古来より「上有天堂、下有蘇杭（天上には極楽があるが、地には蘇州と杭州がある）」と賞賛されてきた。

　　蘇州は江蘇省にあり、中国の有名な水郷である。典雅な庭園が各所に散らばっていて、名勝古跡は枚挙にいとまがない。中でも宋、元、明、清の各時代を代表する四大庭園と郊外にある寒山寺は、国内はもとより、海外からも多くの観光客を引き寄せている。そのほか、蘇州刺繍なども有名である。

　　杭州は浙江省の首都で、中国屈指の景観都市である。西湖を中心とする優美なリゾート。13世紀には「世界でもっとも美しく華やかな街」とマルコポーロが書いた通り、繁栄をきわめた。また唐の白居易、宋の蘇東坡の詩に詠まれたそのままの姿を今に伝えている。特に日の出と日の入りが絶景で、湖畔に座って西湖に日が落ちるのを見ていると、旅の疲れを忘れてしまう。

STEP 17

乘车　乘車
Chéng chē

基礎表現

① 去 万里长城 坐 什么 车？
　Qù Wànlǐchángchéng zuò shénme chē?

② 坐 公共汽车 要 多长 时间？
　Zuò gōnggòngqìchē yào duōcháng shíjiān?

③ 先坐 1 路 汽车，再换 103 路 无轨电车。
　Xiān zuò yī lù qìchē, zài huàn yāolíngsān lù wúguǐdiànchē.

④ 在 哪儿 换 车？
　Zài nǎr huàn chē?

⑤ 坐 出租车 比 坐 公共汽车 快。
　Zuò chūzūchē bǐ zuò gōnggòngqìchē kuài.

⑥ 到 故宫 多少 钱？
　Dào Gùgōng duōshao qián?

⑦ 到 动物园 坐 几 站？
　Dào dòngwùyuán zuò jǐ zhàn?

⑧ 师傅，我 买 票。
　Shīfu, wǒ mǎi piào.

① 万里の長城へ行くにはどんなバスに乗ればいいですか？
② バスでどのぐらい時間がかかりますか？
③ まず1番線に乗って、それから103のトロリー・バスに乗り換えてください。
④ どこで乗り換えますか？
⑤ バスよりタクシーの方が速いです。
⑥ 故宮までいくらですか？
⑦ 動物園まで何駅ですか？
⑧ すみません、切符を買います。

文法ポイント

●前置詞 "比" を使い、「A比B＋形容詞（AはBより…だ）」という形で比較を表します。程度の差異を表したい場合は、形容詞の後に置きます。否定は一般的に "没有" を用います。

例文： 今天 比 昨天 冷。　　Jīntiān bǐ zuótiān lěng.　　今日は昨日より寒い。
　　　　我 比 她 大 一 岁。　　Wǒ bǐ tā dà yí suì.　　私は彼女より一歳年上だ。
　　　　今天 没有 昨天 冷。　　Jīntiān méiyǒu zuótiān lěng.　　今日は昨日ほど寒くない。

ミニ会話

A：请问, 到 故宫 多少　　すみません、故宫までの切符はいくらですか？
　　Qǐng wèn, dào Gùgōng duōshao
　　钱 一 张 票?
　　qián yì zhāng piào?

B：一律 一 块。　　　　　　一律一元です。
　　Yílǜ yí kuài.

A：在 哪儿 下 车?　　　　どこで降りますか？
　　Zài nǎr xià chē?

B：在 景山。　　　　　　　景山です。
　　Zài Jǐngshān.

A：下了 车 怎么 走?　　　降りたらどう行けばいいですか？
　　Xiàle chē zěnme zǒu?

B：下了 车, 马路 对面 就　降りて、道路の向かい側です。
　　Xiàle chē, mǎlù duìmiàn jiù
　　是。
　　shì.

A：那 到了 景山, 请 告诉　景山へ着いたら、教えてもらえますか？
　　Nà dàole Jǐngshān, qǐng gàosu
　　我 好 吗?
　　wǒ hǎo ma?

B：好 吧。　　　　　　　　わかりました。
　　Hǎo ba.

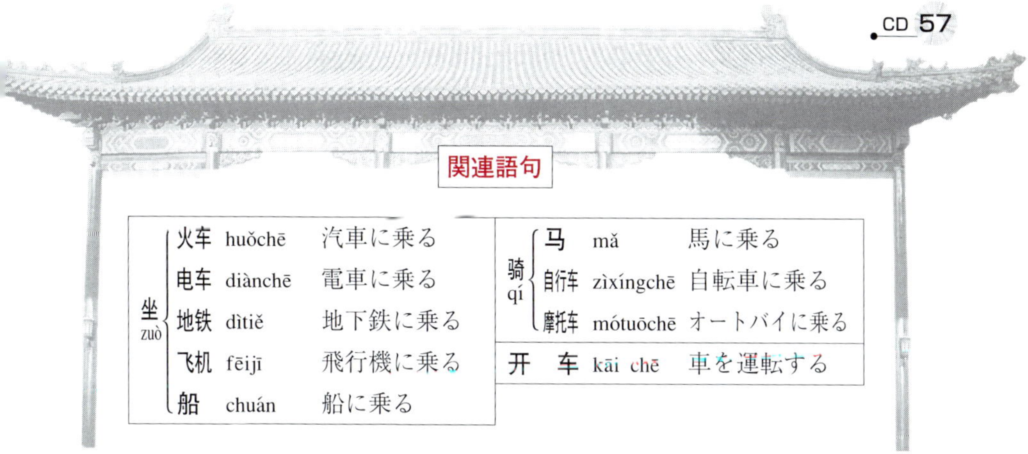

関連語句

坐 zuò	火车	huǒchē	汽车に乗る
	电车	diànchē	電車に乗る
	地铁	dìtiě	地下鉄に乗る
	飞机	fēijī	飛行機に乗る
	船	chuán	船に乗る

骑 qí	马	mǎ	馬に乗る
	自行车	zìxíngchē	自転車に乗る
	摩托车	mótuōchē	オートバイに乗る
开 车		kāi chē	車を運転する

練習問題 17

1 次の日本語を中国語に訳しなさい。

1）タクシーより地下鉄の方が速いです。
　　訳：_____
2）北京飯店に着いたら、教えてもらえますか。
　　訳：_____
3）1番線バスは2番線バスより一角高い。
　　訳：_____
4）すみません、故宮まで行くバスはありますか？
　　訳：_____

2 以下の語句を選んで文を完成しなさい。

　　　　还是、　　没有、　　比、　　到

1）我想走着_____坐车快。
2）你坐公共汽车，_____坐出租汽车？
3）北海道_____东京冷。
4）请问，_____北京饭店坐几路车？

3 以下の場合を想定して、次の質問文を中国語で答えてみましょう。

1）从你家到学校（公司）要多长时间？
　　答：_____
2）从你家到学校（公司）要多少钱？
　　答：_____
3）从你家到学校（公司）要换车吗？
　　答：_____
4）到了九月东京还热吗？
　　答：_____

西 安

　西安は陝西省の首都で、陝西省の政治、経済、文化の中心である。中国最古の都市の一つ西安には紀元前11世紀から唐代まで11王朝が都を置いた。唐代には"長安"と呼ばれ、シルクロードの起点として東西文化交流の盛んな国際都市となった。その後、明代に再建されて、西安となる。今も市の中心部を取り囲む城壁は明代のものがそのまま残り、古代都市の面影を伝えている。

　西安は現在有名な観光都市である。1972年に発掘された「世界第8の奇跡」と呼ぶにふさわしい秦の始皇帝兵馬俑は、中国各地、そして世界各地の観光客を引きつけている。唐の玄宗皇帝と楊貴妃のロマンを語る有名な温泉華清池、碑林、大小雁塔などがあり、郊外には漢代、唐代皇帝の陵墓群もあり、西安は豊富な歴史遺跡をもつ大都市である。

STEP 18

乘 出租汽车　タクシーに乗る
Chéng chūzūqìchē

基礎表現

① 我 想 要 一 辆 出租车。
　 Wǒ xiǎng yào yí liàng chūzūchē.
② 请 问, 打的 去 长城
　 Qǐng wèn, dǎdí qù Chángchéng
　 多少 钱？
　 duōshao qián?
③ 打的 去 颐和园 要 多长
　 Dǎdí qù Yíhéyuán yào duōcháng
　 时间？
　 shíjiān?
④ 包 一 天 车 可以 吗？
　 Bāo yì tiān chē kěyǐ ma?
⑤ 师傅, 去 北京饭店。
　 Shīfu, qù Běijīngfàndiàn.
⑥ 师傅, 请 打开 计程表。
　 Shīfu, qǐng dǎkāi jìchéngbiǎo.
⑦ 就 在 这里 停 吧。
　 Jiù zài zhèli tíng ba.
⑧ 请 给 我 开 收据。
　 Qǐng gěi wǒ kāi shōujù.

① タクシーを一台お願いします。
② すみません、タクシーで万里の長城へ行くにはいくらかかりますか？
③ タクシーで頤和園まで行くにはどれぐらいの時間がかかりますか？
④ 車を一日貸し切りでもよろしいですか？
⑤ すみません、北京飯店に行ってください。
⑥ すみません、メーターをつけてください。
⑦ ここで止めてください。
⑧ レシートをください。

文法ポイント

● "想"は助動詞として用いる場合は、「…したい」という意味で、動詞として用いる場合は、「考える」、「思う」などの意味です。

　"要"は助動詞として用いる場合は「…するつもりだ。…しなければならない」という意味で、動詞として用いる場合は、「いる」「ほしい」「必要だ」という意味です。

　副詞"就"はよく使われる語気を表す虚詞です。「すぐに」という意味があり、英語のjustと同じように使う事もよくあります。

例文： 我 想 去 北京饭店。　　Wǒ xiǎng qù Běijīngfàndiàn.　　私は北京飯店に行きたい。
　　　 她 要 做 饭。　　　　　Tā yào zuò fàn.　　　　　　　　彼女は食事を作らなければならない。

ミニ会話

A：师傅，我想去首都机场。
Shīfu, wǒ xiǎng qù Shǒudūjīchǎng.
すみません、首都空港までお願いします。

B：好，上车吧。
Hǎo, shàng chē ba.
わかりました。どうぞお乗りください。

A：从这儿到机场要多长时间？
Cóng zhèr dào jīchǎng yào duō cháng shíjiān?
ここから空港まではどのぐらい時間がかかりますか？

B：四十分钟左右。
Sìshí fēnzhōng zuǒyòu.
四十分ぐらいです。

A：我要赶飞机，开快点儿好吗？
Wǒ yào gǎn fēijī, kāi kuài diǎnr hǎo ma?
私は飛行機に間に合うようにしたいので、急いでください。

B：好。…到了，八十五块五，要发票吗？
Hǎo. …Dào le, bāshiwǔ kuài wǔ, yào fāpiào ma?
わかりました。…はい、着きました、八十五元五角です、レシートは要りますか？

A：不要。给您钱，谢谢！
Bú yào. Gěi nín qián, xièxie!
要りません。はい、お金。ありがとうございます。

B：不谢！再见！
Bú xiè! Zàijiàn!
どういたしまして、さようなら。

関連語句

包车	bāochē	タクシー、バスなどをチャーターする	停车	tíngchē	車を止める
租车	zūchē	車を借りる	上车	shàngchē	乗車する
要车	yàochē	車（タクシー）を予約する	下车	xiàchē	車を降りる
			慢点儿	màndiǎnr	ちょっとゆっくり
			快点儿	kuàidiǎnr	ちょっと速く

練習問題 18

1 次の日本語を中国語に訳しなさい。

1）明日、私はタクシーを一台予約したい。
　　訳：＿＿＿＿＿＿＿＿＿＿＿＿＿＿＿＿＿＿＿＿＿
2）タクシーで行くのはいくらですか？
　　訳：＿＿＿＿＿＿＿＿＿＿＿＿＿＿＿＿＿＿＿＿＿
3）タクシー一台を一日貸し切りでいくらですか？
　　訳：＿＿＿＿＿＿＿＿＿＿＿＿＿＿＿＿＿＿＿＿＿
4）少しゆっくり運転してください。
　　訳：＿＿＿＿＿＿＿＿＿＿＿＿＿＿＿＿＿＿＿＿＿

2 以下の語句を選んで文を完成しなさい。

　　要、　　就、　　想、　　赶

1）他＿＿＿＿＿＿来东京。
2）从机场到饭店＿＿＿＿＿＿一个小时。
3）出租车＿＿＿＿＿＿在那儿。
4）我要＿＿＿＿＿＿火车，请开快点儿。

3 以下の場合を想定して、次の質問文を中国語で答えてみましょう。

1）日本的出租车贵吗?
　　答：＿＿＿＿＿＿＿＿＿＿＿＿＿＿＿＿＿＿＿＿＿
2）你在国外坐过出租车吗?
　　答：＿＿＿＿＿＿＿＿＿＿＿＿＿＿＿＿＿＿＿＿＿
3）你会开汽车吗?
　　答：＿＿＿＿＿＿＿＿＿＿＿＿＿＿＿＿＿＿＿＿＿
4）你会骑自行车吗?
　　答：＿＿＿＿＿＿＿＿＿＿＿＿＿＿＿＿＿＿＿＿＿

春城——昆明

　雲南省の首都昆明は、雲貴高原の中心に位置し、三方を山に囲まれた風光明媚な都会である。中国の56民族のうち、雲南省全体では26の少数民族が住んでおり、昆明市には12の民族が住んでいる。標高1891メートルの盆地にある昆明は、1月の平均気温が9度前後、7月が20度前後と気候が穏やかである。1年中緑の絶えることのないこの街は春城と呼ばれ親しまれている。古くから周辺アジア地域との交流が盛んに行われてきた。

　昆明市内には、龍門石坊や昆明湖などの景勝地がたくさんある。そのほかに石林、大理、麗江、西双版納など雲南省各地への美しい観光拠点でもある。

STEP 19

买票　切符を買う
Mǎi piào

基礎表現

① 买两张今晚的杂技票。
　Mǎi liǎng zhāng jīnwǎn de zájìpiào.

② 京剧票多少钱一张?
　Jīngjùpiào duōshao qián yì zhāng?

③ 今晚的电影票买不到了。
　Jīnwǎn de diànyǐngpiào mǎibudào le.

④ 我要预定去昆明的飞机票。
　Wǒ yào yùdìng qù Kūnmíng de fēijīpiào.

⑤ 你买哪次航班的?
　Nǐ mǎi nǎ cì hángbān de?

⑥ 有去上海的特快火车票吗?
　Yǒu qù Shànghǎi de tèkuài huǒchēpiào ma?

⑦ 你买软卧还是硬卧?
　Nǐ mǎi ruǎnwò háishi yìngwò?

⑧ 没有硬卧，只有硬座。
　Méiyǒu yìngwò, zhǐyǒu yìngzuò.

① 今晩の雑技の切符を二枚ください。
② 京劇の切符は一枚いくらですか？
③ 今晩の映画の切符は買えなかった。
④ 私は昆明行きの飛行機のチケットを予約したいです。
⑤ 何便のチケットを買いますか？
⑥ 上海行きの特別快速の切符はありますか？
⑦ 一等寝台ですか、それとも二等寝台を買いますか？
⑧ 二等寝台の切符はありません、普通席の切符しかありません。

文法ポイント

●動詞の後に付いて「…することができる」という意味を補足する語を可能補語と言います。形式は動詞と結果補語、方向補語の間に"得"（肯定形）、"不"（否定形）を加えます。強調する時は、助動詞"能""可以"と併用することが可能です。

例文：我看得见。　　　Wǒ kàndejiàn.　　　私は見えます。
　　　我看不见。　　　Wǒ kànbujiàn.　　　私は見えません。

ミニ会話　CD 62

A：我 买 今天 下午 去 西安
　　Wǒ mǎi jīntiān xiàwǔ qù Xī'ān
　　的 火车票。
　　de huǒchēpiào.

私は今日の午後の西安行きの切符を買いたいです。

B：对不起，卖完 了。有 明-
　　Duìbuqǐ, màiwán le. Yǒu míng-
　　天 早上 的。
　　tiān zǎoshang de.

すみません、売り切れました。明日の朝の切符ならあります。

A：那 明天 晚上 到得了
　　Nà míngtiān wǎnshang dàodeliǎo
　　吗?
　　ma?

それは明日の晩までに着きますか？

B：到得了。
　　Dàodeliǎo.

着きますよ。

A：那 要 一 张 硬卧 下铺。
　　Nà yào yì zhāng yìngwò xiàpù.

じゃ、二等寝台の下段の切符を一枚ください。

B：没 有 下铺, 有 中铺。
　　Méi yǒu xiàpù, yǒu zhōngpù.

下段の切符は売り切れです、中段の切符はあります。

A：要 一 张 中铺, 多少
　　Yào yì zhāng zhōngpù, duōshao
　　钱?
　　qián?

中段の切符を一枚ください、いくらですか？

B：二百七十五。
　　Èrbǎiqīshiwǔ.

二百七十五元です。

CD 63

関連語句

戏 票	xìpiào	演劇の切符	上 铺 shàngpù	寝台車の一番上の段
门 票	ménpiào	入場（入園）券	头等舱 tóuděngcāng	ファーストクラス
船 票	chuánpiào	船の切符	商业舱 shāngyècāng	ビジネスクラス
软 座	ruǎnzuò	一等席	经济舱 jīngjìcāng	エコノミークラス

練習問題 19

1 次の日本語を中国語に訳しなさい。

1）入場券は一枚いくらですか？
　　訳：_____
2）今日のチケットは売り切れで、明日のしかありません。
　　訳：_____
3）北京行きの特別快速の切符はありますか？
　　訳：_____
4）私に東京行き321便の切符を一枚ください。
　　訳：_____

2 以下の文を否定文に書き直しなさい。

1）在中国吃得到日本菜。　　否：_____
2）他买得起那件衣服。　　　否：_____
3）他买得到去北京的飞机票。否：_____
4）从这儿看得见故宫。　　　否：_____

3 次の場合、中国語ではどのように言いますか。

1）明日の北京行きの便があるかどうかを聞く。
　　答：_____
2）明日の朝に着くかどうかを聞く。
　　答：_____
3）一月一日の東京行きの便を予約したいとき。
　　答：_____
4）映画のチケット一枚の料金を聞く。
　　答：_____

氷　城

　　北方にあるハルピン市の冬は「したたる水が氷になる」ように、非常に寒い都会であるから、「氷の城」と言われている。冬になると、最低気温はマイナス30度前後で、たまにマイナス40度になる時もある。この時季は雪が多くて、雪が降った後、まだ掃除できない場所は、硬い氷になるので、子供たちはこの自然なスケート場でスケートをしたり、そりをしたりしている。

　　また、毎年1月ごろ、「氷祭り」が行われるが、松花江の河畔にあるスターリン公園内では、氷で作られた様々な芸術品が飾られ、中にはランプをつけてあるので、「氷灯」と呼ばれている。こんな時、海外や全国の至る所から「氷灯」を鑑賞に来る観光客は絶え間なく続く。

　　しかし夏のハルピンもなかなか良い。有名な松花江は市街を流れ、美しい太陽島は中国の避暑地として全国に知られている。また、清々しいお天気、プラス美味しい東北料理は本当に舌の功徳と言える。忘れようとしても忘れられないものである。

STEP 20

买 东西　買い物
Mǎi dōngxi

基礎表現

① 我 想 买 点儿 茶。
　Wǒ xiǎng mǎi diǎnr chá.

② 我 想 买 纪念品。
　Wǒ xiǎng mǎi jìniànpǐn.

③ 苹果 多少 钱 一 斤?
　Píngguǒ duōshao qián yì jīn?

④ 这 件 衣服 多少 钱?
　Zhèi jiàn yīfu duōshao qián?

⑤ 有 大 一点儿 的 吗?
　Yǒu dà yìdiǎnr de ma?

⑥ 可以 试试 吗?
　Kěyǐ shìshi ma?

⑦ 这 件 没有 那 件 漂亮。
　Zhèi jiàn méiyǒu nèi jiàn piàoliang.

⑧ 有 人参蜂王浆 吗?
　Yǒu rénshēnfēngwángjiāng ma?

① 私はお茶を買いたいです。
② 私は記念品を買いたいです。
③ リンゴは一斤(五百グラム)いくらですか?
④ この洋服はいくらですか?
⑤ もう少し大きめのはありますか?
⑥ 試着してもいいですか?
⑦ この洋服はあの洋服より綺麗ではない。
⑧ ローヤルゼリーはありますか?

文法ポイント

● "有一点儿" と "一点儿" は、「少し」、「わずかに」という意味です。"有一点儿" は副詞で、語順は「有一点儿＋形容詞」。"一点儿" は不定の数量詞で、語順は「形容詞＋一点儿」。また、"一点儿" には名詞の前に置いて「少しの」という量を表す用法もあります。

例文：这 个 大 了 一点儿。　Zhèi ge dà le yìdiǎnr.　これは少し大きかった。
　　　房间里 有点儿 热。　Fángjiānli yǒudiǎnr rè.　部屋の中は少し暑い。
　　　你 喝 一点儿 酒 吧。　Nǐ hē yìdiǎnr jiǔ ba.　少しお酒を飲んでください。

ミニ会話

A：您好！想买点儿什么？
Nín hǎo! Xiǎng mǎi diǎnr shénme?
こんにちは、何をお求めですか？

B：有乌龙茶吗？
Yǒu wūlóngchá ma?
ウーロン茶はありますか？

A：有。这种二十五块一袋。
Yǒu. Zhèi zhǒng èrshiwǔ kuài yí dài.
あります。これは一袋二十五元です。

B：那种多少钱？
Nèi zhǒng duōshao qián?
あれはいくらですか？

A：那种比这种贵十块。
Nèi zhǒng bǐ zhèi zhǒng guì shí kuài.
あれはこれより十元高いです。

B：这种要两袋，那种要一袋。
Zhèi zhǒng yào liǎng dài, nèi zhǒng yào yí dài.
この種類を二袋と、あの種類を一袋ください。

A：一共八十五块。还要别的吗？
Yígòng bāshiwǔ kuài. Hái yào bié de ma?
全部で八十五元です。他に必要なものはありますか？

B：不要了。谢谢！
Bú yào le. Xièxie!
いりません。ありがとうございます。

関連語句

茉莉花茶 mòlihuāchá	ジャスミン茶	皮鞋 píxié	皮靴
普洱茶 pǔ'ěrchá	プーアル茶	旗袍 qípáo	チャイナドレス
衬衫 chènshān	シャツ	砚台 yàntai	すずり
羊绒毛衣 yángróngmáoyī	カシミヤのセーター	山水画 shānshuǐhuà	山水画
真丝围巾 zhēnsīwéijīn	シルクのスカーフ	剪纸 jiǎnzhǐ	切り紙

練習問題 20

1　次の日本語を中国語に訳しなさい。

1）このシャツはあのシャツほど高くありません。
　　訳：＿＿＿＿＿＿＿＿＿＿＿＿＿＿＿＿＿＿
2）あれはこれより一元高いです。
　　訳：＿＿＿＿＿＿＿＿＿＿＿＿＿＿＿＿＿＿
3）このカシミヤのセーターはいくらですか？
　　訳：＿＿＿＿＿＿＿＿＿＿＿＿＿＿＿＿＿＿
4）この切り紙はあの切り紙よりきれいだ。
　　訳：＿＿＿＿＿＿＿＿＿＿＿＿＿＿＿＿＿＿

2　以下の語句を選んで文を完成しなさい。

　　　一会儿、　　一点儿、　　比、　　别的

1）东京的东西＿＿＿＿＿＿＿北京的东西贵。
2）这件旗袍有＿＿＿＿＿＿＿贵。
3）请你在这儿等＿＿＿＿＿＿＿。
4）我还想买＿＿＿＿＿＿＿纪念品。

3　次の場合、中国語ではどのように言いますか。

1）買い物をするとき、他のものがあるかどうかを聞く。
　　答：＿＿＿＿＿＿＿＿＿＿＿＿＿＿＿＿＿＿
2）もう少し小さいのがあるかどうか聞く。
　　答：＿＿＿＿＿＿＿＿＿＿＿＿＿＿＿＿＿＿
3）試着してもよいかを聞く。
　　答：＿＿＿＿＿＿＿＿＿＿＿＿＿＿＿＿＿＿
4）何か記念品を買いたいとき。
　　答：＿＿＿＿＿＿＿＿＿＿＿＿＿＿＿＿＿＿

中国茶

　お茶の原産地はインド北部から中国南部にかけての熱帯、亜熱帯地方であると言われている。中国茶は製造段階の醗酵度によっておおまかに緑茶、青茶、白茶、黄茶、黒茶、紅茶の6種類に分けられる。ここでは最も中国人に消費されている緑茶と青茶を紹介しよう。

　まず中国で最も生産量が多く最も消費されているのは緑茶である。緑茶は茶葉をまったく醗酵させずに作った非醗酵茶である。中国では一般的にガラスコップに入れて80度前後のお湯を注ぎ、茶葉が上下する様を見ながら飲む。

　最も有名な緑茶である「龍井茶（ロンジン茶）」は浙江省杭州のものが最も有名であり、特に獅子峰で作られるものを最上とする。また「清明節（4月6日もしくは5日）」の少し前に摘む新芽が最も貴重とされ「明前」と呼ばれ最高級のものとされている。「龍井茶」は中国では11等級に分けられるが最上級のものはほとんど手に入らない。

　日本人にとって最も馴染み深い中国茶である烏龍茶。烏龍茶は「青茶」に属している。「青茶」は半醗酵茶であり、無醗酵の「緑茶」と、完全発酵の「紅茶」の中間に位置している。青茶は「鉄観音」や「鳳凰単叢」「阿里山」などなど様々なお茶を総称する呼び名であるが、日本ではこれらをまとめて「烏龍茶」と呼んでいる。

　中国大陸、香港、台湾、そしていまでは日本にも大小さまざまな中国茶館がある。そこで中国茶を飲みながら、お茶の文化を味わってみるのも楽しい。

STEP 21 讲价 値段の交渉
Jiǎng jià

基礎表現

① 能便宜一点儿吗？
   Néng piányi yìdiǎnr ma?
② 再便宜五毛可以吗？
   Zài piányi wǔ máo kěyǐ ma?
③ 便宜的话，我买两个。
   Piányi de huà, wǒ mǎi liǎng ge.
④ 不能再便宜了。
   Bù néng zài piányi le.
⑤ 十块钱五个怎么样？
   Shí kuài qián wǔ ge zěnmeyàng?
⑥ 能打折吗？
   Néng dǎzhé ma?
⑦ 今天怎么又贵了。
   Jīntiān zěnme yòu guì le.
⑧ 这是最便宜的了。
   Zhè shì zuì piányi de le.

① もう少し安くなりますか？
② さらに五角安くなりますか？
③ もし安ければ、二つ買います。
④ それ以上に安くなりません。
⑤ 五個十元ではどうですか？
⑥ 割引になりますか？
⑦ どうして今日また高くなりましたか？
⑧ これは最も安い値段です。

文法ポイント

●副詞の"再"と"又"は同じ動作の繰り返しを表します。ただ、用法が異なることに注意しましょう。"再"は未然の行為を示し、これから同じ動作を繰り返すことを表します。"又"は"既然"の行為を示し、過去にすでに同じ動作を繰り返したことを表します。

例文：我想再买一个。　Wǒ xiǎng zài mǎi yí ge.　私はもう一つ買いたいです。
　　　她又买了一个。　Tā yòu mǎile yí ge.　彼女はまた一つ買いました。

ミニ会話

CD 68

A：有 黑色 羊绒毛衣 吗?
　　Yǒu hēisè yángróngmáoyī ma?
　　黒いカシミヤのセーターはありますか?

B：有，要 多大 号 的?
　　Yǒu, yào duōdà hào de?
　　あります。どのサイズですか?

A：L 号 的，多少 钱 一 件?
　　L hào de, duōshao qián yí jiàn?
　　Lサイズです、一着いくらですか?

B：五百 六十块。
　　Wǔbǎi liùshíkuài.
　　五百六十元です。

A：能 便宜 一点儿 吗?
　　Néng piányi yìdiǎnr ma?
　　もう少し安くなりますか?

B：这 是 最 便宜 的 了。
　　Zhè shì zuì piányi de le.
　　これは最も安い値段です。

A：再 便宜 一点儿 的 话,
　　Zài piányi yìdiǎnr de huà,
　　我 买 两 件。
　　wǒ mǎi liǎng jiàn.
　　もう少し安ければ、
　　二着買います。

B：好吧，两 件 一千。
　　Hǎo ba, liǎng jiàn yìqiān.
　　わかりました、
　　二着千元です。

CD 69

関連語句

大～小	dà~xiǎo 大きい～小さい	多～少	duō~shǎo 多い～少ない
长～短	cháng~duǎn 長い～短い	远～近	yuǎn~jìn 遠い～近い
胖/肥～瘦	pàng/féi~shòu 太っている～瘦せている	高～矮	gāo~ǎi 高い～低い
冷～热	lěng~rè 寒い～熱い	好～坏	hǎo~huài よい～悪い

練習問題 21

1 次の日本語を中国語に訳しなさい。

1) 値段が高いから、買いません。
   訳：＿＿＿＿＿＿＿＿＿＿＿＿＿＿＿＿＿＿＿＿＿＿
2) もし安ければ、二つ買います。
   訳：＿＿＿＿＿＿＿＿＿＿＿＿＿＿＿＿＿＿＿＿＿＿
3) 今日の品物はまた安くなりました。
   訳：＿＿＿＿＿＿＿＿＿＿＿＿＿＿＿＿＿＿＿＿＿＿
4) さらに五角安くしてください。
   訳：＿＿＿＿＿＿＿＿＿＿＿＿＿＿＿＿＿＿＿＿＿＿

2 以下の語句を選んで文を完成しなさい。

　　　最、　　再、　　能、　　又

1) 我明天想＿＿＿＿＿＿＿买一件毛衣。
2) 这个是＿＿＿＿＿＿＿大的。
3) 我今天＿＿＿＿＿＿＿买了一件毛衣。
4) 这个不＿＿＿＿＿＿＿打折。

3 次の場合、中国語ではどのように言いますか。

1) 買い物をして、もう少し値引きしたいとき。
   答：＿＿＿＿＿＿＿＿＿＿＿＿＿＿＿＿＿＿＿＿＿＿
2) 割引があるかどうかを聞くとき。
   答：＿＿＿＿＿＿＿＿＿＿＿＿＿＿＿＿＿＿＿＿＿＿
3) 安ければ買いますと言うとき。
   答：＿＿＿＿＿＿＿＿＿＿＿＿＿＿＿＿＿＿＿＿＿＿
4) Mサイズがあるかどうかを聞くとき。
   答：＿＿＿＿＿＿＿＿＿＿＿＿＿＿＿＿＿＿＿＿＿＿

胡同と四合院

　北京の市内地図を開くと、まず目に入っているのは、道幅が広々とした長安街と市の中心にある天安門広場であろう。ただ、その次はというと縦横に入り混じっている横町"胡同"であろう。"胡同"ということばはモンゴル語で路地を意味する言葉だそうです。北京の"胡同"は実に五、六千本があると言われている。"胡同"の名称もさまざまである。例えば、地形で命名した胡同は"月牙胡同"とか、"八道弯胡同"などがある。寺や王府で命名したものには"白塔寺胡同"とか、"恭王府胡同"がある。また、実に美しい名前だが、その由来が不明の"孔雀胡同"とか、"甘雨胡同"などもある。

　"胡同"に入ると、大小さまざまな"四合院"が並んでいる。"四合院"は中国北京の伝統的な住宅であり、昔は一般的に一家族しか住んでいなかった。そして、三世代同居や四世代同居である。現在はいくつかの家族が一緒に住んでいる場合が多い。数千本の"胡同"と数えられないほどの"四合院"は過去と現実の様々な物語を語っている。

STEP 22

在 饭馆　レストランで
Zài fànguǎnr

基礎表現

① 给 我 看看 菜单。
　 Gěi wǒ kànkan càidān.

② 这个 店 有名 的 菜 是 什么?
　 Zhèi ge diàn yǒumíng de cài shì shénme?

③ 有 什么 推荐 菜 吗?
　 Yǒu shénme tuījiàn cài ma?

④ 主食 有 什么?
　 Zhǔshí yǒu shénme?

⑤ 有 什么 汤?
　 Yǒu shénme tāng?

⑥ 有 什么 酒?
　 Yǒu shénme jiǔ?

⑦ 有 什么 饮料?
　 Yǒu shénme yǐnliào?

⑧ 小姐，买单（结帐）。
　 Xiǎojie, mǎidān (jiézhàng).

① メニューを見せてください。
② この店の名物料理は何ですか?
③ 何かお薦めの料理はありますか?
④ 主食は何がありますか?
⑤ どんなスープがありますか?
⑥ どんなお酒がありますか?
⑦ どんな飲み物がありますか?
⑧ すみません、勘定して下さい。

文法ポイント

● 形容詞の中には、重ねて使えるものがあります。単音節形容詞の重ね型は"AA"型で、二音節形容詞の重ね型は"AABB"と"ABAB"の二種類です。形容詞の重ね型は程度が高いこと、さらに深まったことを表します。状況語になる場合、単音節形容詞は"地"は不用ですが、二音節形容詞には"地"が必要です。

例文：这个 苹果 大大 的，很 好吃。　このリンゴはとても大きくて、美味しい。
　　　Zhèi ge píngguǒ dàdà de, hěn hǎochī.

　　　他 穿着 雪白雪白 的 衬衫。　彼は真白なワイシャツを着ている。
　　　Tā chuānzhe xuěbáixuěbái de chènshān.

ミニ会話

A：两 位 要 点儿 什么？
　　Liǎng wèi yào diǎnr shénme?
お二人様は何を注文なさいますか？

B：给 我们 看看 菜单。
　　Gěi wǒmen kànkan càidān.
メニューを見せてください。

A：好，您 慢慢儿 看。
　　Hǎo, nín mànmānr kàn.
どうぞ、ごゆっくりご覧ください。

B：这儿 的 拿手菜 是 什么？
　　Zhèr de náshǒucài shì shénme?
ここの得意料理は何ですか？

A：这儿 的 四川 菜 最 有名。
　　Zhèr de Sìchuān cài zuì yǒumíng.
本店の四川料理は最も有名です。

B：那 来 一 个 辣子肉丁、
　　Nà, lái yí ge làziròudīng,
一 个 麻辣牛肉。
yí ge málàniúròu.
じゃ、ブタ肉の唐辛子炒め一つと牛肉のサンショウ炒め一つください。

A：主食 要 什么？担担面
　　Zhǔshí yào shénme? Dāndànmiàn
很 好吃。
hěn hǎochī.
主食は何にしますか？担担面は美味しいです。

B：要 两 碗 担担面、一
　　Yào liǎng wǎn dāndànmiàn, yì
瓶 啤酒。
píng píjiǔ.
担担面を二つと、ビールを一本ください。

関連語句

饺子	jiǎozi	ギョーザ	面条 miàntiáo	麺類
馄饨	húntun	ワンタン	春卷 chūnjuǎn	春巻き
烧卖	shāomai	シューマイ	包子 bāozi	肉まん
馒头	mántou	まんじゅう	涮羊肉 shuànyángròu	羊肉のしゃぶしゃぶ
米饭	mǐfàn	ライス	北京烤鸭 Běijīngkǎoyā	北京ダック

五味：甜 tián 甘い、酸 suān 酸っぱい、苦 kǔ 苦い、辣 là 辛い、咸 xián 塩辛い

練習問題 22

1 次の日本語を中国語に訳しなさい。

1）ここの得意料理は四川料理です。
　　訳：＿＿＿＿＿＿＿＿＿＿＿＿＿＿＿＿＿＿＿＿＿
2）主食はご飯と肉まんがあります。
　　訳：＿＿＿＿＿＿＿＿＿＿＿＿＿＿＿＿＿＿＿＿＿
3）ここの羊肉のしゃぶしゃぶは美味しいです。
　　訳：＿＿＿＿＿＿＿＿＿＿＿＿＿＿＿＿＿＿＿＿＿
4）ゆっくり食べてください。
　　訳：＿＿＿＿＿＿＿＿＿＿＿＿＿＿＿＿＿＿＿＿＿

2 以下の語句を選んで文を完成しなさい。

> 辣辣的、　碗、　个、　甜甜的

1）我要一＿＿＿＿米饭。
2）担担面＿＿＿＿，很好吃。
3）这个菜＿＿＿＿，我很喜欢。
4）来一＿＿＿＿番茄肉片。

3 次の場合、中国語ではどのように言いますか。

1）メニューが欲しいとき。
　　答：＿＿＿＿＿＿＿＿＿＿＿＿＿＿＿＿＿＿＿＿＿
2）お薦め料理を聞くとき。
　　答：＿＿＿＿＿＿＿＿＿＿＿＿＿＿＿＿＿＿＿＿＿
3）お酒の種類を聞くとき。
　　答：＿＿＿＿＿＿＿＿＿＿＿＿＿＿＿＿＿＿＿＿＿
4）ビール二本を注文するとき。
　　答：＿＿＿＿＿＿＿＿＿＿＿＿＿＿＿＿＿＿＿＿＿

云南名物——过桥米线

　　昆明に来たら雲南料理にチャレンジしてみよう。数多くの小数民族料理の中で昆明の名物料理としては、過橋米線、汽鍋鶏、宜良焼鶏の三つがある。私は仕事で雲南へ行った時に、昆明で過橋米線を食べたが、とても美味しくて、いまでもよく覚えている。米を主食とする雲南省では麺の替わりに米から作った「米線」をよく食べる。米線は日本のビーフンに似ている。米線の中でも最も有名なのが「過橋米線」である。大きな丼と、かわいい小皿に盛られた具が並ぶ様子が何とも楽しい、そして熱いスープに米線と具を入れて食べる。過橋米線にはこんな物語がある。

　　100年ほど前、学問に励む男の人が自宅を離れ、湖の中にある八角亭にこもって、毎日読書をしていました。彼の妻は、毎日橋を渡り八角亭にご飯を運んでいましたが、冷えたご飯なので、ご飯は食べ残され夫は日に日に痩せていき、何とか夫に美味しい食事を食べてもらうことはできないか考えました。そして、土鍋に熱いスープを入れ、その上に鶏からとった油をたらして、油の膜で冷めにくいスープに仕上げ、さらに、米線と薄切りにした具をそえて、いつでも温かく、美味しく食べられる「過橋米線」が誕生しました。この米線は、妻が橋を渡って運んだ米線なので「過橋米線」と呼ばれるようになりました。

STEP 23

干杯 乾杯
Gānbēi

基礎表現

① 为了 健康，干杯！
　　Wèile jiànkāng, gānbēi!

② 祝 你 生日 快乐，干杯！
　　Zhù nǐ shēngri kuàilè, gānbēi!

③ 祝 你 旅行 愉快，干杯！
　　Zhù nǐ lǚxíng yúkuài, gānbēi!

④ 菜 做 得 真 多。
　　Cài zuò de zhēn duō.

⑤ 他 高兴 得 像 个 小孩子。
　　Tā gāoxìng de xiàng ge xiǎoháizi.

⑥ 味道 怎么样？
　　Wèidao Zěnmeyàng?

⑦ 对不起，我 不 会 喝 酒。
　　Duìbuqǐ, wǒ bú huì hē jiǔ.

⑧ 我 随意，好 吗？
　　Wǒ suíyì, hǎo ma?

① 健康のために、乾杯！
② 誕生日おめでとう、乾杯！
③ 楽しい旅行を、乾杯！
④ 作った料理は本当に多い。
⑤ 彼はまるで子供のように喜んでいる。
⑥ お味はどうですか？
⑦ すみません、私はお酒が飲めません。
⑧ 私はすこしで、良いですか？

文法ポイント

● 動詞の後に付いて動作の状態や程度を補足する語を状態補語、あるいは程度補語と言います。肯定形は補語と動詞の間に構造助詞"得"を用い、否定形は"不"を用います。

例文： 他 游得 很好。　　Tā yóude hěnhǎo.　　　彼は泳ぐのがうまい。
　　　 他 游得 不好。　　Tā yóude bùhǎo.　　　彼は泳ぐのは上手ではない。

ミニ会話

A：您 喝 点儿 什么？
　　Nín hē diǎnr shénme?
飲み物は何にしますか？

B：喝 啤酒 吧。
　　Hē píjiǔ ba.
ビールにしましょう。

A：来，为 大家 的 健康 干杯！
　　Lái, wèi dàjiā de jiànkāng gānbēi!
さあ、皆さんの健康のために、乾杯！

B：干杯！
　　Gānbēi!
乾杯！

A：家常 便饭，请 吃 吧。
　　Jiācháng biànfàn, qǐng chī ba.
家庭料理です、どうぞ食べてください。

B：做 得 很 好，非常 好吃！
　　Zuò de hěn hǎo, fēicháng hǎochī!
料理がお上手ですね、とても美味しいです。

A：那 多 吃 点儿 吧。
　　Nà duō chī diǎnr ba.
では、たくさん食べてくださいね。

B：谢谢！我 已经 吃饱 了。
　　Xièxie! Wǒ yǐjing chībǎo le.
ありがとうございます。私はもうお腹がいっぱいです。

関連語句

茅台酒	máotáijiǔ	マオタイ酒	鸡尾酒 jīwěijiǔ	カクテル
白 酒	báijiǔ	中国の蒸留酒の総称	香 槟 xiāngbīn	シャンパン
白兰地	báilándì	ブランデー	青岛啤酒 Qīngdǎopíjiǔ	青島ビール
威士忌	wēishìjì	ウイスキー	绍兴酒 shàoxīngjiǔ	紹興酒

練習問題 23

1 次の日本語を中国語に訳しなさい。

1）ごめんなさい、私はお酒が飲めません。
　　訳：＿＿＿＿＿＿＿＿＿＿＿＿＿＿＿＿＿＿＿＿
2）マオタイ酒はとても美味しいです。
　　訳：＿＿＿＿＿＿＿＿＿＿＿＿＿＿＿＿＿＿＿＿
3）この料理は上手に作っていない。
　　訳：＿＿＿＿＿＿＿＿＿＿＿＿＿＿＿＿＿＿＿＿
4）どうぞ、随意に飲んでください。
　　訳：＿＿＿＿＿＿＿＿＿＿＿＿＿＿＿＿＿＿＿＿

2 以下の文を否定文に書き直しなさい。

1）他喝得很多。　　　　否：＿＿＿＿＿＿＿＿＿＿＿＿＿
2）他们来得很晚。　　　否：＿＿＿＿＿＿＿＿＿＿＿＿＿
3）他说得太快了。　　　否：＿＿＿＿＿＿＿＿＿＿＿＿＿
4）汽车开得很慢。　　　否：＿＿＿＿＿＿＿＿＿＿＿＿＿

3 以下の場合を想定して、次の質問文を中国語で答えてみましょう。

1）你喜欢喝酒吗？
　　答：＿＿＿＿＿＿＿＿＿＿＿＿＿＿＿＿＿＿＿＿
2）你喝过中国酒吗？
　　答：＿＿＿＿＿＿＿＿＿＿＿＿＿＿＿＿＿＿＿＿
3）你和中国朋友一起喝过酒吗？
　　答：＿＿＿＿＿＿＿＿＿＿＿＿＿＿＿＿＿＿＿＿
4）你的朋友来到东京,干杯时你说什么？
　　答：＿＿＿＿＿＿＿＿＿＿＿＿＿＿＿＿＿＿＿＿

中国酒

　中国の江蘇省の紹興は日本人に馴染み深い紹興酒の産地です。中国で旅行するときよく耳にする"黄酒（ホウチュウ）"と"老酒（ラオチュウ）"と日本で呼ばれる"紹興酒"はどこが違うのでしょうか？中国の南方の醸造酒紹興酒を"黄酒（ホウチュウ）"と言います。"老酒"はそれの俗称。紹興酒は醸造酒の代表としてよく知られていますが、日本の醸造酒と同じで、アルコール分は15—20度くらいで、とても飲みやすいお酒です。中国のレストランで紹興酒を頼むとき"黄酒（ホウチュウ）"というのが一般的です。ただ、中国の北方地域では、高級な「茅台酒」とか「汾酒」か、あるいは、一般市民がよく飲む「二鍋頭」のような50—60度の白酒を飲むのが一般的です。

　中国も宴会上では乾杯というと、杯を目の高さまでかかげ、「乾杯！」の発声で一息に飲み干し、そのあと空になった酒杯の底を見せあい確認しあうのがよく観られる風景です。自分の体調とか酒量などのことで、うまくにげたいときは、「乾杯」で全部を飲み干すことなく、"半杯"とか"随意"でも失礼になりません。

　ちなみに、いま日本の一部の酒屋で中国の「白酒」を扱っているので、見かけたら飲んでみてください。

STEP 24

快餐　ファーストフード
Kuàicān

基礎表現

① 来一份 A 套餐。
　Lái yí fèn A tàocān.

② 饮料要凉的还是热的？
　Yǐnliào yào liáng de háishi rè de?

③ 要热咖啡。
　Yào rè kāfēi.

④ 来两个巨无霸。
　Lái liǎng ge jùwúbà.

⑤ 再要两份薯条。
　Zài yào liǎng fèn shǔtiáor.

⑥ 要一个麦香鸡套餐。
　Yào yí ge màixiāngjī tàocān.

⑦ 加一个色拉。
　Jiā yí ge sèlā.

⑧ 我要带走。
　Wǒ yào dàizǒu.

① Ａセットを一つください。
② 飲み物は冷たいのにしますか、それとも、温かいのにしますか？
③ ホットコーヒーをください。
④ ビッグ・バーガーを二つください。
⑤ ポテトを二つください。
⑥ 唐揚げセットを一つください。
⑦ サラダを一つ追加してください。
⑧ 持ち帰りします。

文法ポイント

● "来"は「来る」と言う意味の他に、具体的な動作を表す動詞の代わりにも使われます。また、他の動詞の前に用いる場合には、動作に取り組む積極的な気持ちを表します。

例文：来一瓶北京啤酒。　Lái yì píng Běijīngpíjiǔ.　北京ビールを一本ください。
　　　我来拿吧。　　　 Wǒ lái ná ba.　　　　　　 私が持ちましょう。

ミニ会話

A：妈妈，我 想 吃 汉堡包。　お母さん、ハンバーガーを食べたい。
　　Māma, wǒ xiǎng chī hànbǎobāo.
B：那 我们 去 麦当劳 吧。　それじゃあ、マクドナルドに行きましょう。
　　Nà wǒmen qù Màidāngláo ba.

（在麦当劳）　（マクドナルドにて）

A：我 要 一 份 儿童 套餐。　子供セットを一つください。
　　Wǒ yào yí fèn értóng tàocān.
C：饮料 要 什么？　飲み物は何にしますか？
　　Yǐnliào yào shénme?
A：可乐，再 加 一 个 奶昔。　コーラ、それからシェーキを一つください。
　　Kělè, zài jiā yí ge nǎixī.
C：您 要 什么？　ご注文は？
　　Nín yào shénme?
B：来 一 个 薯条、一 杯 热-　ポテトとホットコーヒーをください。
　　Lái yí ge shǔtiáor, yì bēi rè-
　　咖啡。
　　kāfēi.
C：在 这儿 吃 还是 带走？　ここでたべますかそれとも持ち帰りますか？
　　Zài zhèr chī háishi dàizǒu?
B：带走。　持ち帰ります。
　　Dàizǒu.

関連語句

肯德基 Kěndéjī	ケンタッキーフライドチキン	可 可 kěkě	ココア
乐天利 Lètiānlì	ロッテリア	热 狗 règǒu	ホットドッグ
必胜客 Bìshèngkè	ピザハット	冰咖啡 bīngkāfēi	アイスコーヒー

練習問題 24

1 次の日本語を中国語に訳しなさい。

1）飲み物は何にしますか？
　　訳：＿＿＿＿＿＿＿＿＿＿＿＿＿＿＿＿＿＿＿＿＿
2）ビッグ・バーガーを二つください。
　　訳：＿＿＿＿＿＿＿＿＿＿＿＿＿＿＿＿＿＿＿＿＿
3）アイスコーヒーにしますか、それともホットコーヒーにしますか？
　　訳：＿＿＿＿＿＿＿＿＿＿＿＿＿＿＿＿＿＿＿＿＿
4）Bセットを一つください。
　　訳：＿＿＿＿＿＿＿＿＿＿＿＿＿＿＿＿＿＿＿＿＿

2 以下の語句を選んで文を完成しなさい。

　　　再、　　来、　　什么、　　还是

1）您要热咖啡，＿＿＿＿＿＿＿冰咖啡？
2）我＿＿＿＿＿＿＿要一杯咖啡。
3）您要＿＿＿＿＿＿＿喝的吗？
4）＿＿＿＿＿＿＿一份麦香鸡套餐。

3 以下の場合を想定して、次の質問文を中国語で答えてみましょう。

1）你经常吃快餐吗?
　　答：＿＿＿＿＿＿＿＿＿＿＿＿＿＿＿＿＿＿＿＿＿
2）你夏天喜欢喝冰咖啡还是热咖啡?
　　答：＿＿＿＿＿＿＿＿＿＿＿＿＿＿＿＿＿＿＿＿＿
3）在日本一般一份套餐多少钱?
　　答：＿＿＿＿＿＿＿＿＿＿＿＿＿＿＿＿＿＿＿＿＿
4）你喜欢吃汉堡包吗?
　　答：＿＿＿＿＿＿＿＿＿＿＿＿＿＿＿＿＿＿＿＿＿

高行健

　　2000年のノーベル文学賞の受賞者は中国系フランス人高行健だというので世界中の中国人が驚いた。彼は「高い洞察力と豊かな表現力を持ち、中国の小説と演劇に新たな道を開拓した」のである。彼の代表作品として挙げられたのは、小説「霊山」である。「霊山」はある作家の物語で、彼は自分が肺癌になり、残りの日々はわずかであることを告げられた。後に、その作家は北京の慣れた生活にさよならして、中国の長江流域を辿り、夢の世界に存在している「霊山」探しに出た。旅先の少数民族の文化と漢民族の文化を新たな視点から認識するうちに、癌の病状が全て消えてしまう。小説「霊山」の主人公は作家高行健自身のことである。小説の「私」、「あなた」、「彼」は主人公の様々な側面を表現している。「霊山」は中国の特徴をもつ世界的な文学作品と言われている。

　　高行健のノーベル文学賞受賞のニュースは、中国国内、台湾、そして海外華僑の様々な大きな反響を呼んだ。21世紀の初めの受賞が、百年来の中国人作家の第一回の受賞となった事は、一中国人として喜ぶべき事だと思う。

　　また、私の印象に残るのは私が一演劇人としてみた高行健である。それは、劇作家の彼の作品「バス停」を北京人民芸術劇院で上演していた際、私が一役者として参加したことである。

演劇「バス停」　　　　　　　高行健

STEP 25

打 电话　電話をかける
Dǎ diànhuà

基礎表現

① 喂！是 北京饭店 吗？
　Wèi! Shì Běijīngfàndiàn ma?
② 请 问，往 日本 怎么 打？
　Qǐng wèn, wǎng Rìběn zěnme dǎ?
③ 往 日本 先 拨 81，再 拨 对方 号码。
　Wǎng Rìběn xiān bō bāyāo, zài bō duìfāng hàomǎ.
④ 现在 占线，打不通。
　Xiànzài zhànxiàn, dǎbutōng.
⑤ 附近 有 公用电话 吗？
　Fùjìn yǒu gōngyòngdiànhuà ma?
⑥ 请 转 1234 分机。
　Qǐng zhuǎn yāo'èrsānsì fēnjī.
⑦ 你 的 电话号码 是 多少？
　Nǐ de diànhuàhàomǎ shì duōshao?
⑧ 我 找 王 先生。
　Wǒ zhǎo Wáng xiānsheng.

① もしもし、北京飯店ですか？
② すみません、日本への電話はどのようにかけますか？
③ 日本へはまず81を回し、それから、相手の電話番号を回します。
④ いま話し中で、不通です。
⑤ 近くに公衆電話はありますか？
⑥ 内線の1234をお願いします。
⑦ 電話番号は何番ですか？
⑧ 王さんをお願いします。

文法ポイント

● 述語が二つの動詞構造からなり、前の動詞の目的語が同時に後の動詞の主語となる文を兼語文と言います。兼語文の前の動詞は、通常使役の意味を持つ"请"、"让"、"叫"などです。

例文：我 请 他 来 我 家 吃 饭。　　私は彼に我が家へ食事に来るよう招待する。
　　　Wǒ qǐng tā lái wǒ jiā chī fàn.
　　　他 叫 你 打 电话。　　彼はあなたに電話するように言った。
　　　Tā jiào nǐ dǎ diànhuà.

ミニ会話

A：喂，您 好！北京大学。
　　Wèi, nín hǎo! Běijīngdàxué.
もしもし、こんにちは。北京大学です。

B：请 转　3177。
　　Qǐng zhuǎn sānyāoqīqī.
内線の3177をお願いします。

A：好，请 稍 等 一下儿。
　　Hǎo, qǐng shāo děng yíxiàr.
はい、少々お待ちください。

B：喂，王力 老师 在 吗？
　　Wèi, WángLì lǎoshī zài ma?
もしもし、王力先生はいらっしゃいますか？

C：他 不 在。您 是 哪 位？
　　Tā bú zài. Nín shì nǎ wèi?
彼は席を外しています。どちら様ですか？

B：我 是 从 日本 来 的
　　Wǒ shì cóng Rìběn lái de
　　铃木 一郎。
　　Língmù Yīláng.
私は日本から来た鈴木一郎と申します。

C：您好，我 让 他 给 您 回
　　Nín hǎo, wǒ ràng tā gěi nín huí
　　电话，好 吗？
　　diànhuà, hǎo ma?
こんにちは、折り返しあなたに電話をさせましょうか？

B：好。我 的 电话号码 是
　　Hǎo. Wǒ de diànhuàhàomǎ shì
　　6543—2222。
　　liùwǔsìsān-èrèrèrèr.
はい。私の電話番号は6543—2222です。

関連語句

总 机	zǒngjī	電話交換台	长途电话	chángtú diànhuà	長距離電話
内 线	nèixiàn	内線	拨 号	bōhào	ダイヤルを回す
外 线	waixiàn	外線	电 传	diànchuán	ファクシミリ
手 机	shǒujī	携帯電話	电子邮件	diànzǐ yóujiàn	電子メール
BP机	BPjī	ポケットベル			

練習問題 25

1 次の日本語を中国語に訳しなさい。

1）私は田中ですが李先生はいますか？
　　訳：＿＿＿＿＿＿＿＿＿＿＿＿＿＿＿＿＿＿＿＿＿
2）いま話し中で、不通です。
　　訳：＿＿＿＿＿＿＿＿＿＿＿＿＿＿＿＿＿＿＿＿＿
3）すみません、この近くに公衆電話はありますか？
　　訳：＿＿＿＿＿＿＿＿＿＿＿＿＿＿＿＿＿＿＿＿＿
4）田中さんが私に電話するようにお願いします。
　　訳：＿＿＿＿＿＿＿＿＿＿＿＿＿＿＿＿＿＿＿＿＿

2 以下の語句を選んで文を完成しなさい。

打、　　让、　　给、　　是

1）我的电话号码＿＿＿＿＿＿＿1234-5678。
2）我想＿＿＿＿＿＿＿小林留言。
3）我想往日本＿＿＿＿＿＿＿国际电话。
4）妈妈不＿＿＿＿＿＿＿我去中国留学。

3 次の場合、中国語ではどのように言いますか。

1）日本への国際電話の掛け方を聞く。
　　答：＿＿＿＿＿＿＿＿＿＿＿＿＿＿＿＿＿＿＿＿＿
2）友人に電話番号を聞く。
　　答：＿＿＿＿＿＿＿＿＿＿＿＿＿＿＿＿＿＿＿＿＿
3）内線の1234番につないでもらうとき。
　　答：＿＿＿＿＿＿＿＿＿＿＿＿＿＿＿＿＿＿＿＿＿
4）山田さんを電話口まで呼んでもらうとき。
　　答：＿＿＿＿＿＿＿＿＿＿＿＿＿＿＿＿＿＿＿＿＿

テレビ

　人口大国の中国は、現に3000あまりのテレビチャンネル、2000あまりの新聞、8000あまりの雑誌、3000あまりのラジオチャンネルを持っている。テレビチャンネルの数で言えば、テレビ産業先進国アメリカの2000あまりのテレビチャンネルを越え、世界一のテレビ大国と言える。中国は一つの中等都市では受信できるテレビチャンネルが約29個ある。視聴者平均一日あたりテレビを見る時間は100分と言われている。大都市の北京は受信できるテレビチャンネルが58個、広州は67個、上海は49個などである。中央電視台の調査によると、13億の人口のうち、10億9400万人が視聴者である。その中で、75.9％を占めるのが8億3000万の農村人口である。テレビはこれからますます中国の市民生活に大きな影響を与えることになると思われるので、番組の構成、制作、テレビ局管理の現代化などが"テレビ人"の今後の大きな課題であろう。

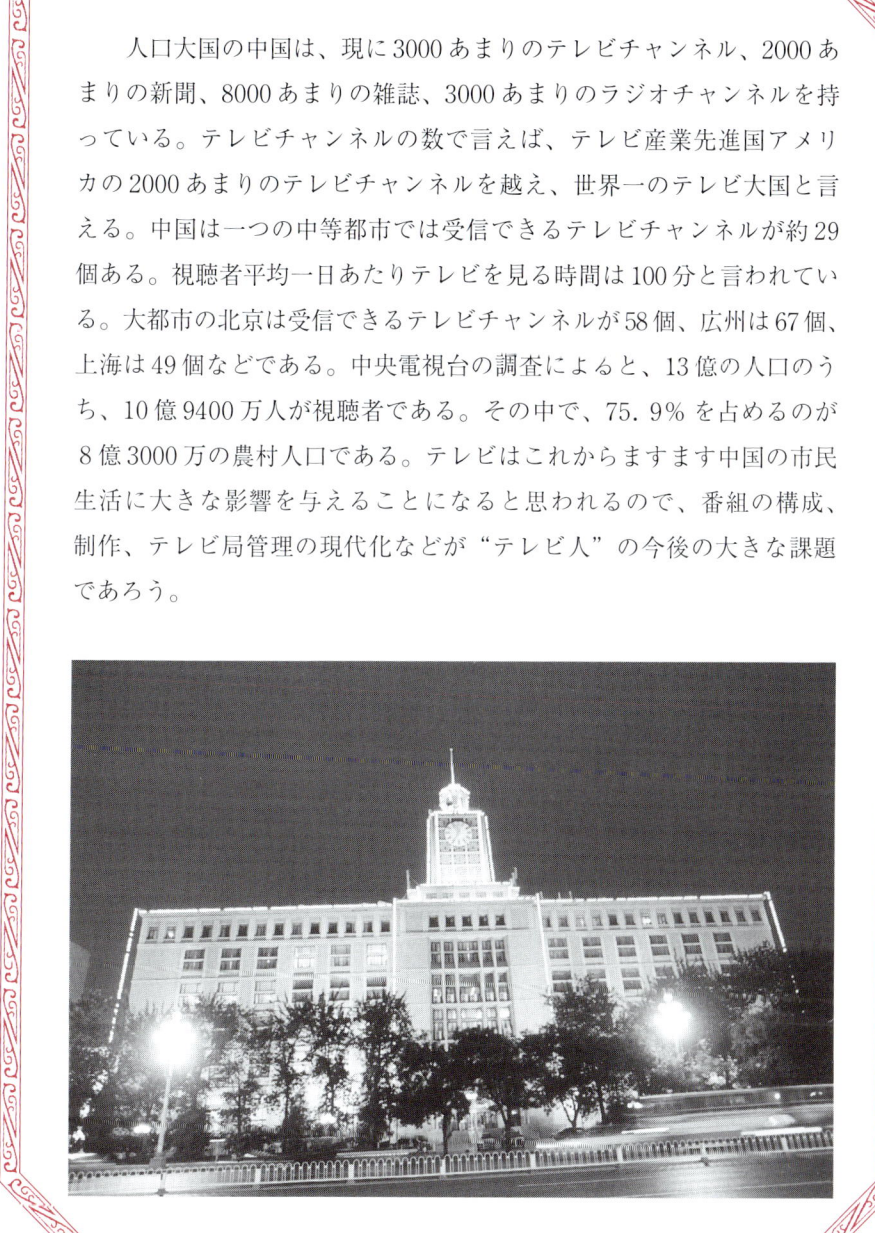

STEP 26

在 邮局 郵便局で
Zài yóujú

基礎表現

① 往 日本 寄 信 多少 钱？
　Wǎng Rìběn jì xìn duōshao qián?

② 平信 还是 挂号信？
　Píngxìn háishi guàhàoxìn?

③ 我 想 寄 包裹。
　Wǒ xiǎng jì bāoguǒ.

④ 航空 还是 海运？
　Hángkōng háishi hǎiyùn?

⑤ 要是 海运 多少 天？
　Yàoshi hǎiyùn duōshao tiān?

⑥ 寄 航空 多少 钱？
　Jì hángkōng duōshao qián?

⑦ 请 填 一下儿 包裹单。
　Qǐng tián yíxiàr bāoguǒdān.

⑧ 我 买 纪念邮票。
　Wǒ mǎi jìniànyóupiào.

① 日本へ手紙を出すにはいくらですか？
② 普通のですか、それとも書留ですか？
③ 私は小包を郵送したいです。
④ 航空便ですか、それとも、船便ですか？
⑤ もし船便なら何日かかりますか？
⑥ 航空便はいくらですか？
⑦ 小包伝票に記入してください。
⑧ 記念切手をください。

文法ポイント

● 接続詞"要是…"は「もし…ならば」という意味です。"要是…"の後に"的話"を加えて"要是…的話"の形をとることもあります。

例文：要是 下 雨 的話, 我 就 不 去。　もし雨が降ったら、私は行かない。
　　　Yàoshi xià yǔ dehuà, wǒ jiù bú qù.

● "因为"「…なので」と"所以"「だから」という意味の接続詞は一緒に使われ、どちらか一方しか使われないこともあります。

例文：因为 天气 不 好, 我 没 去。　天気が悪かったので、私は行かなかった。
　　　Yīnwèi tiānqì bù hǎo, wǒ méi qù.

ミニ会話

A：我 想 往 日本 北海道 寄 包裹。
　　Wǒ xiǎng wǎng Rìběn Běihǎidào jì bāoguǒ.
　　日本の北海道に小包を郵送したいです。

B：寄 航空 还是 海运？
　　Jì hángkōng háishi hǎiyùn?
　　航空便ですか、それとも、船便ですか？

A：要是 海运 多少 天？
　　Yàoshi hǎiyùn duōshao tiān?
　　もし船便なら何日かかりますか？

B：因为 没有 直达 船，大概 要 四十 天。
　　Yīnwèi méiyou zhídá chuán, dàgài yào sìshí tiān.
　　直行便がないので、おそらく四十日ぐらいかかります。

A：那 寄 航空 吧。
　　Nà jì hángkōng ba.
　　では、航空便でお願いします。

B：请 打开 看看。
　　Qǐng dǎkāi kànkan.
　　（中身を）開けて見せてください。

A：好。都 是 书 和 杂志。
　　Hǎo. Dōu shì shū hé zázhì.
　　はい。全部本と雑誌です。

B：可以 了。请 填 一下儿 包裹单。
　　Kěyǐ le. Qǐng tián yíxiàr bāoguǒdān.
　　結構です。小包伝票に記入してください。

関連語句

明信片	míngxìnpiàn	ハガキ	包 装 bāozhuāng	包装
印刷品	yìnshuāpǐn	印刷物	易碎品 yìsuìpǐn	割れやすいもの
汇 款	huìkuǎn	送金する	注 意 zhùyì	注意する
超 重	chāozhòng	規定の重さを超過する	小 心 xiǎoxīn	気をつける

練習問題 26

1 次の日本語を中国語に訳しなさい。

1）日本に手紙を出すのはいくらですか？
　　訳：_____
2）私は小包を送りたいです。
　　訳：_____
3）大体五日間ぐらいかかります。
　　訳：_____
4）はがきを買いたいです。
　　訳：_____

2 以下の語句を選んで文を完成しなさい。

> 打开、　　大概、　　填、　　寄

1）请_____一下包裹单。
2）到东京_____要一个星期。
3）我想_____挂号信。
4）请_____看看。

3 以下の場合を想定して、次の質問文を中国語で答えてみましょう。

1）你经常写信吗?
　　答：_____
2）从日本往中国寄信多少钱?
　　答：_____
3）从你家到邮局远吗?
　　答：_____
4）你寄过包裹吗?
　　答：_____

中国のＷＴＯ加盟

　中国のＷＴＯ加盟は国内外にさまざまな影響をもたらしている。国内では、これまで著しい成長を遂げてきた上海を中心とする沿海地域には、当然経済に新しい刺激を与えることになる。しかし、国有企業の比重の高い地域においては、その改革の困難性から躊躇がある。さらに生産性が低く、競争能力が極めて弱い農業はＷＴＯへの加盟によって、深刻な試練に向かう局面となるだろう。

　中国はＷＴＯの加盟によって、比較的順調に社会変革を進め、新たな透明な市場メカニズムを形成し、国内外の企業が着実に発展していくと思われるが、一方で、その社会の変革の中で国内企業が外国企業との競争に耐え切れず、失業者増大などの多くの困難に直面し、ＷＴＯ加盟に際しての約束も大幅に反故にされて、混乱状態に陥る可能性がある。中国にとっての最大の輸入相手国、アメリカに次ぐ輸出相手国の日本としては、中国が経済発展を軸としつつ民主化を漸次進めていくことを支持し、それが自らの利益にも適うことを念頭に置いておくことが必要であろう。

STEP 27

生病　病気
Shēngbìng

基礎表現

CD 85

① 我 肚子 疼。
　 Wǒ dùzi téng.

② 昨天 吃 什么 了?
　 Zuótiān chī shénme le?

③ 我 发烧 了。
　 Wǒ fāshāo le.

④ 我 嗓子 疼、咳嗽。
　 Wǒ sǎngzi téng, késou.

⑤ 试试 体温 吧。
　 Shìshi tǐwēn ba.

⑥ 打 一 针，吃 点儿 药。
　 Dǎ yì zhēn, chī diǎnr yào.

⑦ 这 药 怎么 吃?
　 Zhè yào zěnme chī?

⑧ 多 喝 水，多 休息。
　 Duō hē shuǐ, duō xiūxi.

① 私はお腹が痛いです。
② 昨日は何を食べましたか?
③ 私は熱が出ました。
④ 私はのどが痛くて、咳が出ます。
⑤ 体温を測ってみましょう。
⑥ 注射して、薬を飲んでください。
⑦ この薬はどのように飲みますか?
⑧ お水を多めに飲んで、よく休んでください。

文法ポイント

● "把"を用いる文は、その目的語にどのような処置をしたのか、あるいはその結果どうなったかを説明する構造です。語順は「主語＋把＋目的語＋動詞＋その他の成分」です。助動詞や"不"、"没"などの否定副詞を使う場合は"把"の前に置きます。

例文：请 你 把 门 关上。　　Qǐng nǐ bǎ mén guānshang.　　ドアを閉めてください。

　　　他 没 把 照相机 带来。　Tā méi bǎ zhàoxiàngjī dàilai.　彼はカメラを持って来なかった。

ミニ会話

A：你 哪儿 不 舒服？
　　Nǐ nǎr bù shūfu?
B：我 发烧, 还 咳嗽。
　　Wǒ fāshāo, hái késou.
A：多少 度？
　　Duōshao dù?
B：三十八 度 五。
　　Sānshíbā dù wǔ.
A：请 把 衣服 解开, 我
　　Qǐng bǎ yīfu jiěkāi, wǒ
　　听听。
　　tīngting.
B：什么 病？
　　Shénme bìng?
A：你 感冒 了。
　　Nǐ gǎnmào le.
B：要 打针 吗？
　　Yào dǎzhēn ma?
A：不 用, 吃 点儿 药, 休息
　　Bú yòng, chī diǎnr yào, xiūxi
　　休息 就 好 了。
　　xiūxi jiù hǎo le.

どこが悪いのですか？

私は熱が出て、それに咳が出ます。

何度ぐらいですか？

三十八度五分です。

上着のボタンを外してください、聴診してみます。

何の病気ですか？

風邪です。

注射は必要ですか？

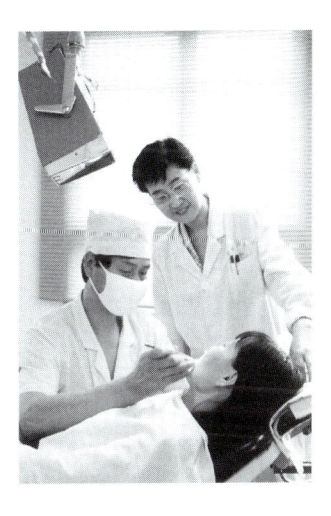

必要ありません。薬を飲んで、よく休めば治ります。

関連語句

头 疼	tóuténg	頭が痛い	挂 号	guàhào	順序を定めるために番号をつける
头 晕	tóuyūn	眩暈がする	交 费	jiāofèi	お金を支払う
拉 肚子	lādùzi	下痢する	取 药	qǔyào	クスリを受け取る
药物过敏	yàowùguòmǐn	薬物過敏	中 药	zhōngyào	漢方薬
注 射	zhùshè	注射する	针 灸	zhēnjiǔ	針術と灸術の総称
化 验	huàyàn	化学検査する	按 摩	ànmó	マッサージ

練習問題 27

1 次の日本語を中国語に訳しなさい。

1）私は体の調子が少し悪いです。
　　訳：_____
2）私は風邪をひきました。
　　訳：_____
3）すみません、どこで薬をもらえますか？
　　訳：_____
4）薬を飲みましたか？
　　訳：_____

2 以下の語句を選んで文を完成しなさい。

　　　把、　　吃、　　没、　　试试

1）打一针、_____点儿药就好了。
2）请你_____嘴张开，我看看。
3）你先_____体温吧。
4）他_____把药吃完。

3 次の場合、中国語ではどのように言いますか。

1）医者に頭が痛いことを言う。
　　答：_____
2）医者に少し熱があることを言う。
　　答：_____
3）医者に薬アレルギーがあることを言う。
　　答：_____
4）医者にもらった薬の飲み方を聞く。
　　答：_____

下崗

　周知の通り、中国では改革開放の政策が行われて以来、私営企業の発展が促進された。外資、私営、郷鎮企業が現れたことによって、国営企業では競争の相手が生じた。そして、これらの国営企業は管理及び技術面などの原因によって、大幅な欠損をしてしまったものが多い。近年来、国営企業は、企業の負担にならないために、大量に人員を削減することになった。これを「下崗」と言う。

　「下崗」した人間が「自力によって生活していく」ためには、「親方日の丸」をたよりにしないで、他に生きていく道を探して行かなければならない。この中に、サービス業に入ったり、店舗を経営したり、露店を出したりした人がいるが、また再度、外資、私営企業に就職している人間もいる。勿論、失業者の行列に入った人々もたくさんいる。

　毎月働いた会社から僅かな補助金を貰った「下崗」した人間は、最低の生活を維持するしかない。もしも夫婦ふたりがともに「下崗」の人間ならば、その生活は言うまでもなくなかなか難しい。

STEP 28　看 京剧　京劇を観る
Kàn Jīngjù

基礎表現

CD 88

① 你 看过 京剧 吗?
　Nǐ kànguo Jīngjù ma?

② 我 很 喜欢 看 京剧。
　Wǒ hěn xǐhuan kàn Jīngjù.

③ 我 的 爱好 是 看 京剧。
　Wǒ de àihào shì kàn Jīngjù.

④ 今天 演 什么 戏?
　Jīntiān yǎn shénme xì?

⑤ 我 被 这 出 戏 感动 了。
　Wǒ bèi zhèi chū xì gǎndòng le.

⑥ 这 出 戏 要 几 个 小时?
　Zhèi chū xì yào jǐ ge xiǎoshí?

⑦ 买 节目单。
　Mǎi jiémùdān.

⑧ 你 看懂 了 吗?
　Nǐ kàndǒng le ma?

① 京劇を観たことがありますか?
② 私は京劇を観るのが好きです。
③ 私の趣味は京劇を観ることです。
④ 今日はどんな演目を上演するのですか?
⑤ 私はこの劇に感動した。
⑥ この劇は何時間かかりますか?
⑦ プログラムを買う。
⑧ 観てわかりましたか?

文法ポイント

● 主語が動作の対象である場合は、よく前置詞 "被" "叫" "让" を用いて動作の主体を取り入れて、受身文を構成します。受身文の主要動詞には一般に、動作の結果、程度、時間などを表す成分が付きます。"让" "叫" は "被" よりも口語的でよく使われます。

例文：我 的 电脑 让 弟弟 弄坏 了。　　　私のパソコンは弟に壊された。
　　　Wǒ de diànnǎo ràng dìdi nònghuài le.

　　　她 被 精彩 的 表演 感动 了。　　　彼女は素晴らしい演技に感動した。
　　　Tā bèi jīngcǎi de biǎoyǎn gǎndòng le.

ミニ会話

A：京剧 太 有意思 了。
　　Jīngjù tài yǒuyìsi le.
　　京劇は本当に面白いですね。

B：你 被 京剧 迷住 了 吧。
　　Nǐ bèi Jīngjù mízhù le ba.
　　あなたは京劇に夢中になりましたね。

A：是 啊，今晚 和 我 去 看 京剧 吧。
　　Shì a, jīnwǎn hé wǒ qù kàn Jīngjù ba.
　　そうですね。今晩私と京劇を観に行きましょう。

B：好 哇，在 哪 个 剧场？
　　Hǎo wa, zài něi ge jùchǎng?
　　いいですよ。どの劇場ですか？

A：长安戏院。七 点 开 演。
　　Cháng'ānxìyuàn. Qī diǎn kāi yǎn.
　　長安劇場です。七時開演です。

B：多少 钱 一 张 票？
　　Duōshao qián yì zhāng piào?
　　チケットは一枚いくらですか？

A：我 请 你，不 要 钱。
　　Wǒ qǐng nǐ, bú yào qián.
　　私が招待しますから、お金は要りません。

B：那 太 不好意思 了，晚上 见。
　　Nà tài bùhǎoyìsi le, wǎnshang jiàn.
　　それは大変申し訳ないですね、夜に会いましょう。

関連語句

越 剧 yuèjù	浙江省の伝統的な地方劇	
豫 剧 yùjù	河南省の伝統的な地方劇	
川 剧 chuānjù	四川省の伝統的な地方劇	
评 剧 píngjù	河北や東北地方の地方劇	
脸 谱 liǎnpǔ	伝統劇俳優の顔のくま取り	
话 剧 huàjù	新劇	

練習問題 28

1 次の日本語を中国語に訳しなさい。

1) 明日はどんな京劇を上演しますか？
   訳：＿＿＿＿＿＿＿＿＿＿＿＿＿＿＿＿＿＿＿＿
2) 私は中国映画を観るのが好きです。
   訳：＿＿＿＿＿＿＿＿＿＿＿＿＿＿＿＿＿＿＿＿
3) プログラムはいくらですか？
   訳：＿＿＿＿＿＿＿＿＿＿＿＿＿＿＿＿＿＿＿＿
4) 京劇を観てわかりましたか？
   訳：＿＿＿＿＿＿＿＿＿＿＿＿＿＿＿＿＿＿＿＿

2 以下の語句を選んで文を完成しなさい。

> 被、　过、　喜欢、　一起

1) 我＿＿＿＿看美国电影。
2) 我明天和朋友＿＿＿＿去看京剧。
3) 铃木＿＿＿＿那部电影感动了。
4) 我没看＿＿＿＿中国电影。

3 次の場合、中国語ではどのように言いますか。

1) 友人の趣味を聞く。
   答：＿＿＿＿＿＿＿＿＿＿＿＿＿＿＿＿＿＿＿＿
2) 友人にどんな映画が好きかを聞く。
   答：＿＿＿＿＿＿＿＿＿＿＿＿＿＿＿＿＿＿＿＿
3) 友人に明日京劇を観に行くかどうかを聞く。
   答：＿＿＿＿＿＿＿＿＿＿＿＿＿＿＿＿＿＿＿＿
4) 友人にチケットは一枚いくらかを聞く。
   答：＿＿＿＿＿＿＿＿＿＿＿＿＿＿＿＿＿＿＿＿

演劇

　中国の伝統演劇は言うまでもなく京劇である。"唱、念、做、打"（歌唱、セリフ、しぐさ、立ち回り）を演技の基礎とする中国の伝統的演劇は中国語では「戯曲」と呼ばれる。「戯曲」の代表とも言われるのが京劇である。京劇は文学、音楽、舞踊、美術、雑技など、多様な芸術表現を用いて、中国や外国の古今の歴史、現代社会や文学、神話に基づいた物語などを演じる。

　京劇は今日海外で、特に日本でファンが増えてきている。近年、毎年数多くの京劇の劇団が日本で公演を行ない、ファンの歓迎を受けている。

　「覇王別姫」は別名「十面埋伏」と呼ばれ清代に作られた作品で、名優梅蘭芳の代表作。日本では張国栄（レスリーチャン）主演の映画でよく知られた作品である。

　また、日本の"新劇"に相当する演劇形態は"話劇"と呼ばれている。初めは「文明戯劇」と言われていたが、このような新しい傾向の劇は、明治の末期に中国の留学生が東京で上演したのが、その始まりであると、中国話劇の起源は説かれている。

　一九八三年九月北京人民芸術劇院の"話劇"「茶館」が初めて日本で公演されてから、近年"話劇"の交流も盛んに行われている。

東京票房京劇公演
『四郎探母・坐宮』

STEP 29

作客　訪問
Zuòkè

基礎表現

① 欢迎 你！
　Huānyíng nǐ!

② 给 您 添 麻烦 了。
　Gěi nín tiān máfan le.

③ 请 坐。请 喝 茶。
　Qǐng zuò. Qǐng hē chá.

④ 这 是 我 的 一点儿
　Zhè shì wǒ de yìdiǎnr
　心意，请 收下。
　xīnyì,　qǐng shōuxia.

⑤ 我 该 走 了。
　Wǒ gāi zǒu le.

⑥ 别 送 了，请 留步。
　Bié sòng le, Qǐng liúbù.

⑦ 欢迎 你 再 来。
　Huānyíng nǐ zài lái.

⑧ 请 慢 走。
　Qǐng màn zǒu.

① いらっしゃいませ。
② ご面倒をおかけします。
③ どうぞおかけください。お茶をどうぞ。
④ これは私のほんの気持ちです、どうぞ受け取ってください。
⑤ そろそろ失礼します。
⑥ 見送りは結構です、ここで失礼します。
⑦ また来てください。
⑧ お気をつけて。

文法ポイント

● 副詞の"越"は多くの場合は、"越～越…"の形で、「～すればするほど…」という意味で使われます。また"越来越～"の形で、「ますます～だ」という意味で使われることもあります。

例文：天気 越 来 越 冷 了。Tiānqì yuè lái yuè lěng le.　天気はますます寒くなった。
　　　越 便宜 越 好。　　　Yuè piányi yuè hǎo.　　　安ければ安いほどよい。

ミニ会話

A：欢迎 你，快 请 进！
　　Huānyíng nǐ, kuài qǐng jìn!
いらっしゃいませ。どうぞ、お入りください。

B：您好，打搅 您 了。
　　Nín hǎo, dǎjiǎo nín le.
こんにちは、お邪魔します。

A：哪里，哪里。请 坐。
　　Nǎli, nǎli. Qǐng zuò.
いえ、いえ。どうぞ、おかけください。

B：这 是 给 您 的 一点儿 小 礼物。
　　Zhè shì gěi nín de yìdiǎnr xiǎo lǐwù.
これは私からのささやかな贈り物です。

A：你 太 客气 了。
　　Nǐ tài kèqi le.
どうもご丁寧に。

B：略 表 心意 嘛，请 收一下。
　　Lüè biǎo xīnyì ma, qǐng shōu-xia.
気持ちばかりです。どうぞ受け取ってください。

A：你 的 汉语 越 来 越 好 了。
　　Nǐ de Hànyǔ yuè lái yuè hǎo le.
あなたの中国語はますます上手になりましたね。

B：不 行，还 差得远 呢。
　　Bù xíng, hái chàdeyuǎn ne.
いいえ。まだまだですよ。

関連語句

家乡特产	jiāxiāngtèchǎn	故郷の特産物、おみやげ	鲜 花	xiānhuā 生花
生日礼物	shēngrilǐwù	誕生日プレゼント	送 礼	sònglǐ 贈り物をする　プレゼントする
糕 点	gāodiǎn	お菓子類の総称	还 礼	huánlǐ 答礼する
水 果	shuǐguǒ	くだもの	人 情	rénqíng 人間としての情・あり方

練習問題 29

1 次の日本語を中国語に訳しなさい。

1）今日は大変お世話になりました。
　　訳：_____
2）これは私の故郷の名産です。
　　訳：_____
3）遠慮しないで、お茶をどうぞ。
　　訳：_____
4）気候がますます暖かくなりました。
　　訳：_____

2 以下の語句を選んで文を完成しなさい。

> 别、　　该、　　给、　　还

1）我的汉语_____不太好。
2）一点了，我_____走了。
3）_____在房间里抽烟。
4）铃木_____了小张很多水果。

3 次の場合、中国語ではどのように言いますか。

1）友人の家に遊びに行ったとき。
　　答：_____
2）友人に贈り物を差しあげるとき。
　　答：_____
3）友人の中国語を褒めるとき。
　　答：_____
4）中国語が上手だと褒められたとき。
　　答：_____

貧富の差

　中国は今年から個人所得税法の立法を視野に入れていると言われている。これは深刻な社会問題が背景としてある。現在、中国の国民収入の格差は極めて高くなっている。改革以来、「まず一部の人たちが裕福になれ」との政策によって、改革政策の既得者たちは十万元以上の年収になり、中国では中産階級の生活をしている。過去に、"臭老九"と言われた大学の教師も高額所得者になり、武漢地域では自家用車で通勤したり、マンションを買ったりしているという。ただ、その人数は中国大陸の人口の15％に満たないのが現状である。多くの国民は、まだかなりの低収入のままというのが現状である。例えば、農民の平均現金収入は僅か１０６３元で、都市市民の年間平均収入の３４２４元より二千元も少ない。このような「裕福の人が多くなっているのではなく、貧しい人はまだ大勢いる」現状は中国の改革が直面している重大な社会問題である。

STEP 30

告别　別れ
Gàobié

基礎表現

CD 94

① 谢谢 你们 的 关照。
　Xièxie nǐmen de guānzhào.

② 有 空儿 再 来 玩儿。
　Yǒu kòngr zài lái wánr.

③ 祝 你 一路 平安！
　Zhù nǐ yílù píng'ān!

④ 祝 你 全家 幸福！
　Zhù nǐ quánjiā xìngfú!

⑤ 到了 来 电话。
　Dàole lái diànhuà.

⑥ 请 替 我 问 大家 好。
　Qǐng tì wǒ wèn dàjiā hǎo.

⑦ 下 次 在 北京 见。
　Xià cì zài Běijīng jiàn.

⑧ 下 次 在 东京 见。
　Xià cì zài Dōngjīng jiàn.

① お世話になりまして、ありがとうございました。
② 時間があったら、また遊びに来てください。
③ 道中ご無事で！
④ ご家族のご多幸をお祈りします。
⑤ 着いたら電話してください。
⑥ 皆さんによろしくお伝えください。
⑦ 次回北京で会いましょう。
⑧ 次回東京で会いましょう。

文法ポイント

● "祝"は会話の相手に「よい結果に恵まれるよう心から願う、祈る」と言う意味で使われます。「祝賀する」という意味にはなりません。

例文：　祝 你 好 运。　　Zhù nǐ hǎoyùn.　　　　　　幸運を祈ります。
　　　　祝 你 发财！　　Zhù nǐ fācái!　　　　　　お金持ちになられますように！
　　　　祝 你 身体 健康。　Zhù nǐ shēntǐ jiànkāng.　ご健康をお祈りします。

ミニ会話

A：谢谢 你们 来 送行。
　　Xièxie nǐmen lái sòngxíng.
　　お見送り、ありがとうございます。

B：不 要 客气。
　　Bú yào kèqi.
　　遠慮なさらないでください。

A：这 次 旅行 我 太 高兴 了。
　　Zhèi cì lǚxíng wǒ tài gāoxìng le.
　　今回の旅行は本当に楽しかったです。

B：可惜 时间 太 短 了。
　　Kěxī shíjiān tài duǎn le.
　　時間が短すぎたのが残念です。

A：虽然 时间 短，但是 很 有意思。
　　Suīrán shíjiān duǎn, dànshì hěn yǒuyìsi.
　　時間が短かったけれど、大変面白かったです。

B：欢迎 你 再 来。
　　Huānyíng nǐ zài lái.
　　また来てください。

A：好，我 一定 再 来。
　　Hǎo, wǒ yídìng zài lái.
　　はい。必ず来ます。

B：祝 你 一路 顺风！
　　Zhù nǐ yílù shùnfēng!
　　道中ご無事で！

関連語句

送君千里，终有一别。　Sòng jūn qiānlǐ, zhōng yǒu yìbié.
きみを千里のかなたまで送っても、ついには別れなければならない。

一日不见，如隔三秋。　Yírì bú jiàn, rú gé sānqiū.
一日会わないと、3年も会っていないように恋しい。

練習問題 30

1 次の日本語を中国語に訳しなさい。

1) 来年時間があったら、また遊びに来てください。
   訳：_____
2) 私は来年必ず来ます。
   訳：_____
3) 時間が短いけれど、大変面白い旅行でした。
   訳：_____
4) 道中ご無事で。
   訳：_____

2 以下の語句を選んで文を完成しなさい。

| 虽然…但是、　　越…越、　　添、　　太 |

1) 这次旅行时间_____短了。
2) 我的中国朋友_____来_____多。
3) 他_____去了北京，_____没去上海。
4) 这次旅行给你们_____了很多麻烦。

3 次の場合、中国語ではどのように言いますか。

1) 小林さんによろしくと伝えてもらいたいとき。
   答：_____
2) 友人にもう一度東京に来てほしいとき。
   答：_____
3) 次回東京で会おうというときの挨拶。
   答：_____
4) 到着したら電話で知らせてほしいとき。
   答：_____

非言語行動

　適当な、正確な言語行動以外の補足手段として、非言語行動（ここでは主にジェスチャーを指す）を使用することは外国語を使用する人ならだれでも経験することである。

　文化の差異により、ことば以外の手段によって伝達される様式も、きわめて多種多様で、それぞれ違った意味をもつものである。中国に旅行に行き、買い物をしたりする時、ことばが不十分な際、手で数字を表したりするときがある。しかし、そこで日本と中国の表現手法が違う点に注意しなければならない。日本の友人の話によると、自由市場で値段を尋ねたら、相手は親指と小指を出して数字の"6"を表そうとしたが、彼にはそれが一体どんな意味を表すのかよく分からなかった。これらの現象が起こる原因は、言うまでもなくお互いの文化の相違にある。

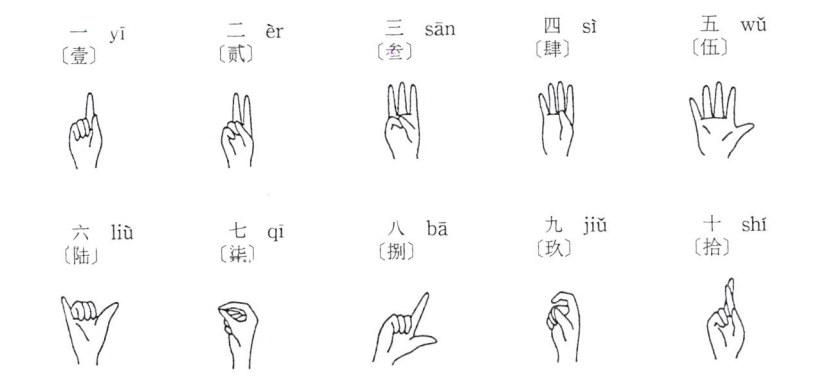

一 yī〔壹〕	二 èr〔貳〕	三 sān〔叁〕	四 sì〔肆〕	五 wǔ〔伍〕
六 liù〔陆〕	七 qī〔柒〕	八 bā〔捌〕	九 jiǔ〔玖〕	十 shí〔拾〕

著　者

陳　浩（Chén Hào）
NHKテレビ、ラジオ中国語講座ゲスト
早稲田大学非常勤講師

梁月軍（Liáng Yuèjūn）
NHKラジオ中国語講座ゲスト
慶応大学非常勤講師

張継濱（Zhāng Jìbīn）
早稲田大学非常勤講師

中国語 日常・旅行会話 STEP 30（CD付）

2002.4.1 初版印刷　2002.4.10 初版発行　2004.4.20 2刷発行

発 行 者　　井　田　洋　二

発 行 所　　株式会社 **駿河台出版社**

〒101-0062　東京都千代田区神田駿河台3の7
電話 03(3291)1676　FAX 03(3291)1675
振替 00190-3-56669
E-mail:edit@surugadai-shuppansha.co.jp
URL:http://www.surugadai-shuppansha.co.jp

製版・株式会社フォレスト　印刷・製本・三友印刷株式会社
ISBN4-411-01887-X　C1087　¥1600E

カラー音節表による
中国語発音のすべて〈CD付〉

中野　達　著

B5判・54頁　本体1600円
CD 1枚（吹込／陳浩，梁月軍）

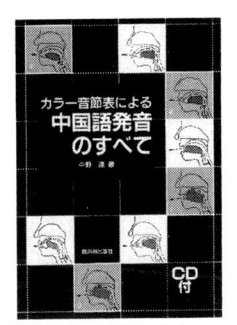

　耳と目からわかりやすく全発音をマスターしよう！　中国語発音の悩みをわかりやすく解決することを目的とした発音テキストの決定版。添付CDの録音に従いながら最初から順を追って学習を進めると「中国語音節表」を最終的にマスターできるようになっている。カラー区別により各音節グループを個別に学び，巻末音節表とも対照しやすい。発音の方法など具体的に図示し，発音練習をしながらできるだけ基本的な漢字や単語を学べるように工夫した中国語学習者には必携の一冊。
(1889)

基礎からよくわかる
中国語文法参考書

大内田三郎　著

A5判・157頁　本体1500円

　中国語を聞く・話す・読む・書くという生きた運用能力を身につけるために中国語文法の基礎知識を要領よくまとめた文法書。本書は文法の基本をしっかりとおさえているため教科書の副読本として役立ち，学習者の中国語力ステップアップにつながる。文法の基本知識を基礎からよくわかるように簡潔にやさしく解説し，多くの例文を盛り込むように努めた。(1898)

身につく中国語参考書
　　　―発音／会話／文法―

姚　南　著
B5判・160頁　本体 2600 円

　中国語の根幹とも言える発音，基本的な文法体系そして実用的な会話をしっかりとわかりやすく説明してある。覚えるべき授業の内容をくわしく書き上げた教科書兼独学用参考書。
　第1章 予備知識編，第2章 発音編，第3章 初級会話編，第4章 初中級文法編，練習問題。

(1888)

すぐに役立つ中国語表現

矢野光治　著

新書判・260頁　本体 1800 円

　何かとっさに中国語で表現しなければならない時にできるだけ簡潔にすばやく相手に伝達することを目的として編集した。《あいうえお順で引く簡便表現》・《文型による表現パターン》・《あいうお順で引くワードメニュー（日本語から中国語へ）》・《ジャンル別で見る慣用表現》・《中国語(の発音)について》・《数字で見る中国情報》からなる。初学者のために日本語による発音ルビを付し、到達度によりピンインを通じて或いは漢字から直接発音するなど使い分けられる。

(1897)

日・中 手さぐり単語帳
―表現中国語の試み―

國弘正雄
趙 京華
桑島由美子　編著
李 少勤
葛谷 登

A5判・256頁　本体2300円

　新しい言葉を学び始めるときから日本語の基礎的な表現語彙を身につける。あるいは覚え込む，はたまた親しむということが必要でしょう。そのような日本語の基礎的な表現語彙に対応するような表現を異なる言語の中から探し出している國弘正雄著『和英発想別分類動詞辞典』を基として，中国語の表現を「手探り」で編集したものです。
　新しい言葉を学ぶということは自分の心のなかに新しい言葉を育て，さらに心を育てることです。本書を活用して日常使われる中国語の生きた表現を実感して下さい。
　生き生きと中国語を話すための発想別分類表現手帳目次。1.プラスイメージ／2.マイナスイメージ／3.対人関係／4.対物関係／5.動作・自然，に分類した。
(1899)

ローマ字中日漢字読み方字典

趙　基天／利波雄一　編
B6判変形・300頁　本体2800円

　漢字の読み方に重要な中日音韻知識をローマ字表記しまとめた。中日字音字典と日中字音字典の機能を兼ね備え，両字音の対応関係がはっきりとわかる。中国語字音の読み方を日本語字音の読み方に対応させてたやすく覚えられるようにした。
(1894)

中国語日常・旅行会話STEP30
（CD付）

練習問題の解答

駿河台出版社

発音編・発音総合練習

18頁 ② (1) pa (2) ku (3) ji (4) ta (5) chi (6) fu
(7) qi (8) shi (9) ci (10) zhi

19頁 ④ (1) kang (2) xian (3) qin (4) kuang
(5) gen (6) chun (7) cong (8) ren (9) qing
(10) shan

⑤ (1) wǒ (2) shéi (3) hǎo (4) duì (5) zài
(6) yǒu (7) bù (8) chī

⑦ (1) má (2) mǎ (3) mā (4) mǎmà (5) mámá
(6) mámà (7) mǎmáng (8) mǎmān

⑧ (1) chīfàn (2) hēshuǐ (3) qǐchuáng (4) shuìjiào
(5) Zhōngguó (6) Rìběn (7) Měiguó (8) Yīngguó

第1章 日常会話

24頁 練習問題 **1**

① 1）你好！ 2）他们身体好吗？ 3）你忙吗？
4）谢谢，我身体很好。

② 1）我中午很忙。 2）她身体好吗？ 3）我身体也很好。
4）他们下午不忙。

③ 1）你好！ 2）晚安。 3）好久不见了。 4）谢谢。

28頁 練習問題 **2**

① 1）明天见。 2）他也是英国人。 3）请多关照。
4）请再来玩儿。

② 1）他也不是韩国人。 2）我们都是日本人。
3）他叫田中太郎。 4）她常常来我家。

③ 1）再见！ 2）电影院前(门口)见。 3）请代问王力好。
4）我先走了。

32頁 練習問題 **3**

① 1）对不起，他不去。 2）哪里，哪里。 3）他明天去中国。
4）真对不起。

1

② 1）太郎去中国。　2）请你别客气。　3）真不好意思。
　　4）哪里，哪里。不要客气。
③ 1）对不起。　2）没关系。　3）对不起，我来晚了。
　　4）打搅您了。

36頁　練習問題 **4**
① 1）北京的春天常常刮风。　2）我喜欢夏天。
　　3）天气预报说明天有雨。　4）我不太喜欢冬天。
② 1）我喜欢东京的春天。　2）明天好像不下雨。
　　3）昨天的雨大不大？　4）昨天又刮风，又下雨。
③ 1）明天好像不下雨。　2）北京的冬天冷吗？
　　3）你喜欢什么季节？
　　4）我喜欢夏天，不太喜欢冬天。（例）

40頁　練習問題 **5**
① 1）他看上去有二十三岁了吧。　2）他今年二十八岁了。
　　3）她丈夫（爱人）还不到三十六岁。　4）他昨天去中国了。
② 1）他去年去中国了。　2）小朋友今年几岁了？
　　3）请问，你多大了？　4）听说日本人不问对方年龄。
③ 1）您多大年纪了？　2）（小朋友）你几岁了？
　　3）你多大了？　4）他看上去(好像)有二十左右。

44頁　練習問題 **6**
① 1）明天星期几？　2）我三月去中国。
　　3）我星期五去学习汉语。　4）我每天打工。
② 1）我没去过美国。　2）今天星期几？
　　3）我是三月来的。　4）他上星期三没来。
③（例　／は選択して答える、以下＊で示す）
　　1）今天星期（天）。　2）明天（5）月（18）号。
　　3）我的生日是（3）月（6）号。　4）我（去/没去）过中国。

48頁　練習問題 **7**
① 1）我每天七点出门。　2）你今天几点下班？
　　3）我去了一年中国。　4）昨天我看了三个小时电视。
② 1）你什么时候来？　2）她来了多长时间了？
　　3）他深夜一点睡觉。　4）他洗了一个小时的澡。

③（例）
　　1）现在（三点四十）。　2）我今天（早上六点半）起床的。
　　3）我昨天睡了（七个小时）。
　　4）我今天打算（下午五点）回家。

52頁　練習問題 **8**

① 1）你妈妈工作吗？　2）我和家里人一起住。
　　3）我明天不在家。　4）我有妹妹，没有弟弟。

② 1）姐姐<u>不</u>在家。　2）我有一个哥哥，一个姐姐<u>和</u>两个弟弟。
　　3）今天我想<u>在</u>家吃饭。　4）铃木家<u>有</u>五口人。

③（例＊）
　　1）我家有（三）口人。　2）今天我在（学校）吃午饭。
　　3）我现在在（东京）。　4）我（有/没有）妹妹。

56頁　練習問題 **9**

① 1）我想当公务员。　2）我一边学英语，一边学汉语。
　　3）我想找工作。　4）我不想抽烟。

② 1）这儿<u>不可以</u>抽烟。　2）我想当医生。
　　3）他哥哥<u>会</u>说英语。　4）我哥哥<u>在</u>贸易公司工作。

③（例＊）
　　1）我想当（公司职员）。　2）这儿（可以/不可以）抽烟。
　　3）我现在（打/不打）工。　4）我（会/不会）说英语。

60頁　練習問題 **10**

① 1）对不起，请慢·点儿说。　2）我的钱包丢了。
　　3）请问问他。　4）对不起，请写汉字。

② 1）请给我看看你的护照。　2）我不明白，你问问老师吧。
　　3）我的钱包丢了，请帮我找找吧。　4）请尝尝这个菜。

③ 1）抓小偷啊！　2）我迷路了。
　　3）请给我们照个相，好吗？　4）救命啊！

第 2 章　旅行会話

66頁　練習問題 **11**

① 1）登机手续在哪儿办？　2）我要鱼的。
　　3）对不起，我要矿泉水。　4）自己用的电脑要申报吗？

3

② 1）我想办一下儿登机手续。 2）请问，有什么喝的吗？
   3）我要一瓶红葡萄酒。 4）请给我一条毛毯。
③ （例＊）
   1）我（有/没有）申报的东西。 2）我有（两）件托运行李。
   3）我想坐（民航班车）。 4）我想要（牛排）。

70頁　練習問題 12
① 1）对不起，有桑拿吗？ 2）有便宜一点儿的单人房间吗？
   3）我想住一个星期。 4）我在饭店见到了小林。
② 1）这本书我还没看完。 2）见到你，我很高兴。
   3）对不起，我没听懂，请你再说一遍。
   4）我写好了，可以吗？
③ （例＊）
   1）好，请看。 2）我要（单人）房间。
   3）可以。／有便宜一点儿的吗？ 4）我想住（五）天。

74頁　練習問題 13
① 1）他在（正在）打国际电话。 2）吹风机坏了。
   3）日本餐厅在几楼？ 4）大概需要三十分钟左右。
② 1）她去了十分钟左右。 2）他们正在看电视。
   3）他好像是日本人。 4）这儿不可以打国际电话。
③ 1）我想要茶叶。 2）房间的空调坏了。
   3）中餐厅在几楼？ 4）请五点叫醒我。

78頁　練習問題 14
① 1）这儿可以用日元结帐。 2）他进去了。
   3）我想换一千美元。 4）银行十点开门。
② 1）他拿回来了中国茶。 2）请填一下儿名字。
   3）如果用信用卡也可以。 4）我的日元用完了。
③ （例＊）
   1）我想换（八万）日元。 2）我（有/没有）信用卡。
   3）一万日元换（六百五十元）人民币。 4）可以换回日元。

82頁　練習問題 15
① 1）请问，几点吃早餐？ 2）对不起，有咖啡吗？
   3）不带早餐。 4）早餐没有自助餐。

4

② 1）这儿有<u>几</u>个中餐厅？ 2）你明天去<u>哪儿</u>？
　　3）这个菜<u>怎么样</u>？ 4）请问这儿有<u>什么</u>菜？

③ （例＊）
　　1）我早餐喜欢（吃面包喝牛奶）。
　　2）我家的附近（有/没有）饭馆。
　　3）早餐时我（喜欢/不喜欢）喝咖啡。 4）中国菜很好吃。

86頁　練習問題16

① 1）请问，去车站远吗？ 2）请问，去北京饭店怎么走？
　　3）3路车站在哪儿？ 4）走着去远吗？

② 1）从那儿<u>往</u>左<u>拐</u>。 2）请问，厕所<u>在</u>哪儿？
　　3）<u>从</u>这儿<u>到</u>车站远吗？ 4）到了十字路口朝右<u>拐</u>。

③ 1）请问，去银行怎么走？ 2）从这儿到饭店要多长时间？
　　3）请问饭馆（饭店）在哪儿？ 4）请问，车站在哪儿？

90頁　練習問題17

① 1）坐地铁比出租汽车快。
　　2）到了北京饭店，请告诉我好吗？
　　3）1路公共汽车比2路公共汽车贵一毛。
　　4）请问有去故宫的公共汽车吗？

② 1）我想走着<u>没有</u>坐车快。
　　2）你坐公共汽车，<u>还是</u>坐出租汽车。 3）北海道<u>比</u>东京冷。
　　4）请问，<u>到</u>北京饭店坐几路车？

③ （例＊）
　　1）从我家到学校要（一个小时）。
　　2）从我家到学校要（二百三十日元）。
　　3）从我家到学校（要/不要）换车。
　　4）还很热/比较热/不太热了。

94頁　練習問題18

① 1）明天我想要（预订）一辆出租车。
　　2）坐出租汽车去要多少钱？ 3）包一天车多少钱？
　　4）请开慢点儿。

② 1）他想来东京。 2）从机场到饭店要一个小时。
　　3）出租车<u>就</u>在那儿。 4）我要赶火车,请开快点儿。

5

③（例＊）
　　1）日本的出租车（很/比较）贵。
　　2）我在国外（坐/没坐）过出租车。
　　3）我（会/不会）开汽车。　4）我（会/不会）骑自行车。

98頁　　練習問題 19

① 1）门票一张多少钱？　2）今天的票卖完了，只有明天的。
　　3）有去北京的特快火车票吗？
　　4）买一张去东京的321航班的飞机票。

② 1）在中国吃不到日本菜。　2）他买不起那件衣服。
　　3）他买不到去北京的飞机票。　4）从这儿看不见故宫。

③ 1）请问，有明天去北京的航班吗？　2）明天早上到得了吗？
　　3）我要预定1月1号去东京的飞机票。
　　4）电影票一张多少钱？

102頁　　練習問題 20

① 1）这件衬衫没有那件衬衫贵。　2）那个比这个贵一元（块）。
　　3）这件羊绒毛衣多少钱？　4）这张剪纸比那张剪纸漂亮。

② 1）东京的东西比北京的东西贵。　2）这件旗袍有一点儿贵。
　　3）请你在这儿等一会儿。　4）我还想买别的纪念品。

③ 1）还有别的吗？　2）有小一点儿的吗？　3）可以试试吗？
　　4）我想买点儿纪念品。

106頁　　練習問題 21

① 1）太贵了，我不买。　2）便宜的话，我买两个。
　　3）今天的东西又便宜了。　4）请再便宜5毛。

② 1）我明天想再买一件毛衣。　2）这个是最大的。
　　3）我今天又买了一件毛衣。　4）这个不能打折。

③ 1）能（再）便宜一点儿吗？　2）能打折吗？
　　3）便宜的话，我就买。　4）有M（中）号的吗？

110頁　　練習問題 22

① 1）这儿的拿手菜是四川菜。　2）主食有米饭和包子。
　　3）这儿的涮羊肉很好吃。　4）请慢慢儿吃（用）。

② 1）我要一碗米饭。　2）担担面辣辣的，很好吃。
　　3）这个菜甜甜的，我很喜欢。　4）来一个番茄肉片。

③ 1）给我看看菜单。 2）有什么推荐菜吗？
　　3）都有什么酒？ 4）要两瓶啤酒。

114頁　練習問題㉓

① 1）对不起，我不会喝酒。 2）茅台酒很好喝。
　　3）这个菜做得不好。 4）请随意(喝)。

② 1）他喝得不多。 2）他们来得不晚。 3）他说得不快。
　　4）汽车开得不慢。

③（例＊）
　　1）我（喜欢/不喜欢）喝酒。 2）我（喝/没喝）过中国酒。
　　3）我（和/没和）朋友一起喝过酒。
　　4）祝你旅行愉快，干杯。

118頁　練習問題㉔

① 1）要什么饮料？ 2）来两个巨无霸。
　　3）要冰咖啡，还是热咖啡？ 4）要一个 B 套餐。

② 1）您要热咖啡，还是冰咖啡？ 2）我再要一杯咖啡。
　　3）您要什么喝的吗？ 4）来一份麦香鸡套餐。

③（例＊）
　　1）我（经常/不经常）吃快餐。
　　2）我夏天喜欢喝（冰/热）咖啡。
　　3）在日本一般一份套餐（七百日元左右）。
　　4）我（喜欢/不喜欢）吃汉堡包。

122頁　練習問題㉕

① 1）我是田中，李老师在吗？ 2）现在占线，打不通。
　　3）对不起，附近有公用电话吗？ 4）请让田中给我回电话。

② 1）我的电话号码是1234-5678。 2）我想给小林留言。
　　3）我想往日本打国际电话。 4）妈妈不让我去中国留学。

③ 1）请问往日本怎么打？ 2）你的电话号码是多少？
　　3）请转1234分机。 4）我找山田先生。

126頁　練習問題㉖

① 1）往日本寄信多少钱？ 2）我想寄包裹。
　　3）大概要五天。 4）我想买明信片。

② 1）请填一下包裹单。　2）到东京大概要一个星期。
　　3）我想寄挂号信。　4）请打开看看。

③（例＊）
　　1）我（经常/不经常）写信。
　　2）从日本往中国寄信要九十日元。
　　3）从我家到邮局（很远/不远）。
　　4）我（寄/没寄）过包裹。

130頁　　練習問題 27

① 1）我有点儿不舒服。　2）我感冒了。
　　3）请问，在哪儿取药？　4）吃药了吗？

② 1）打一针，吃点儿药就好了。　2）请你把嘴张开，我看看。
　　3）你先试试体温吧。　4）他没把药吃完。

③ 1）我头疼。　2）我有点儿发烧。　3）我药物过敏。
　　4）这药怎么吃？

134頁　　練習問題 28

① 1）明天演什么戏？　2）我喜欢看中国电影。
　　3）节目单多少钱？　4）你看得懂京剧吗？

② 1）我喜欢看美国电影。　2）我明天和朋友一起去看京剧。
　　3）铃木被那部电影感动了。　4）我没看过中国电影。

③ 1）你的爱好是什么？　2）你喜欢看什么电影？
　　3）明天去看京剧吗？　4）多少钱一张票？

138頁　　練習問題 29

① 1）今天太谢谢您了。　2）这是我家乡的特产。
　　3）别客气，请喝茶。　4）天气越来越暖和了。

② 1）我的汉语还不太好。　2）一点了，我该走了。
　　3）别在房间里抽烟。　4）铃木给了小张很多水果。

③ 1）打搅您了。　2）这是我的一点儿心意，请收下。
　　3）你的汉语越来越好了。　4）不行，不行，还差得远呢。

142頁　　練習問題 30

① 1）明年有空儿再来玩儿。　2）我明年一定来。
　　3）（这次旅行）虽然时间短，但是很有意思。
　　4）祝你一路平安。

② 1）这次旅行时间太短了。　2）我的中国朋友越来越多。
　 3）他虽然去了北京,但是没去上海。
　 4）这次旅行给你们添了很多麻烦。
③ 1）请替我问小林好。　2）请你（有空儿）再来东京。
　 3）下次在东京见。　4）到了（请）来电话。